Médium

ALLISON DUBOIS

Médium

Por que os que partiram nunca nos deixam?

Tradução
Liane Lazoski

Ediouro

Título original
We are their heaven: why the dead never leave us?

Capa
Ana Dobón

Imagem de capa
Getty Images

Revisão
Adriana Cristina Bairrada

Editoração eletrônica
Dany Editora Ltda.

Dados Internacionais de Catalogação na Publicação (CIP)
(Câmara Brasileira do Livro, SP, Brasil)

DuBois, Allison
Médium : por que os que partiram nunca nos deixam? / Allison Dubois ; tradução Liane Lazoski. — São Paulo : Ediouro, 2008.

Título original: We are their heaven : why the dead never leave us?
ISBN 978-85-00-02360-6

1. DuBois, Allison 2. Habilidades psíquicas 3. Médiuns - Estados Unidos - Biografia I. Título.

08-02925 CDD-133.91092

Índice para catálogo sistemático:

1. Médiuns : Biografia 133.91092

Rua Nova Jerusalém, 345 – Bonsucesso
Rio de Janeiro – RJ – CEP 21042-235
Tel.: (21) 3882-8200 Fax: (21) 3882-8212 / 3882-8313
www.ediouro.com.br

Este livro é dedicado ao Joe, meu fantástico marido, e às minhas filhinhas incríveis. Eles tornaram minha vida doce e importante. As palavras nunca vão conseguir expressar minha gratidão por seu amor.

Aos que vivem e aos que revivem. Principalmente, à pequena Lindsey Whelchel, que morreu criança, mas tocou muita gente.

Também dedico Médium *a alguns dos melhores médiuns/amigos que já viveram. Vocês ajudaram a calçar o caminho daqueles que nos seguirão e aprenderão conosco — tomara que nos superem.*

Gostaria de agradecer a Laurie Campbell, que nunca será superada como médium ou como amiga; George Dalzell, que tem mais energia e coração do que qualquer outra pessoa que conheço; e Sally Owen, não apenas por ser uma grande médium, mas por ser essa mulher cujo caráter nunca poderá ser questionado — é impressionante. Desde que deixamos o laboratório, todos nós contribuímos, durante anos de nossas vidas, com a ciência, e agora seguimos em frente ajudando os clientes e a lei a ser cumprida para influenciar as mudanças que nascemos para trazer.

SUMÁRIO

Prefácio

Joe DuBois

Como eu sei?

Mesmo antes de Allison completar seu primeiro livro, suas idéias já estavam voltadas para este. Ela sabia que o título seria *Médium* e tinha uma noção exata do assunto sobre o qual versaria. Ela me disse que as pessoas costumam perguntar a respeito do paraíso. Comecei a pensar: "Que ótima idéia, adoro o paraíso!". Também gostei de escrever um capítulo do primeiro livro e esperava estar apto a fazê-lo de novo, mas quem sou eu para escrever sobre o paraíso? Não sou especialista em paraísos. Nunca estive lá, mas espero um dia visitá-lo (não em breve). Só o que fiz foi ler um livro sobre o assunto, o que é uma pesquisa proveitosa, mas dificilmente poderá ser considerada exaustiva.

Sou especialista em algumas coisas. Conheço de verdade minha esposa, Allison. Ela *é* uma especialista naquilo que acontece depois que morremos. Embora a declaração soe ousada, posso fazê-la com segurança. Conheço essa mulher maravilhosa há treze anos. Conheço seu dia-a-dia. Já a vi em sua melhor forma, quando está com a guarda levantada e pronta para conquistar o mundo. Já a vi ganhar uma guerra de palavras com entrevistadores de emissoras de rádio mais interessados na própria pauta do que em conhecer Allison ou aprender sobre a vida após a morte. Já a vi em seu estado mais vulnerável, quando está com a guarda abaixada e dedicada à família, como mãe e esposa. Nessas horas, seu coração se abre para nós, e ela permite que eu entre. É um privilégio fabuloso poder acompanhá-la. Se for necessário que eu seja mais claro, amo minha esposa e sinto muito orgulho dela.

Também conheço uma ou duas coisas sobre engenharia aeroespacial, também conhecida como "ciência espacial". Há muito a se discutir — com uma bela cerveja gelada — sobre quem tem permissão de ostentar o título de "cientista espacial", e, na verdade, fico um pouco constrangido quando me chamam assim. Fico constrangido porque reservaria o título para meus heróis, como Robert Goddard ou Wernher von Braun, dois gênios no desenvolvimento da moderna balística de foguetes. Allison não tarda a me lembrar que, em minha carreira no setor aeroespacial, estive envolvido em projetos que incluíam satélites experimentais, válvulas de motor a jato e — sim, é verdade — análise de desempenho de válvulas de motor a jato e projeto de sistemas de controle.

A esta altura, vocês devem estar se perguntando: "Se o livro é sobre o paraíso, por que ele está falando de si mesmo?". Estou falando de mim mesmo porque quero deixar claro que sou um pensador crítico. Quando confrontado com uma situação anômala, não pulo imediatamente para uma conclusão qualquer, mas tento, de modo ponderado e racional, aprender a aceitar as coisas bem interessantes que ocorrem em minha casa. Agora, direi o que aprendi sobre Allison e o que ela faz como médium, para que possam conhecer sua mensagem e tomá-la a sério.

A habilidade mediúnica de Allison é um talento natural — um dom, diriam alguns. Ela não foi à escola desenvolver suas habilidades. Contudo, ela passou a vida as aprimorando por meio da prática e da recusa à mediocridade. Seu talento não é diferente dos que muitas pessoas vivenciam diariamente. Só que o dela é mais claro e mais óbvio.

Uma vez que foi dotada dessa habilidade a vida toda, Allison aprendeu que a consciência de uma pessoa — seja lá o que isso for —

sobrevive à morte do corpo. Esse aprendizado exerceu uma influência profunda em quem ela é. Enquanto a maioria de nós depende da crença e da fé para entender o paraíso, Allison tem que lidar com isso de modo mais visual.

Ela cresceu sabendo que, quando morrem, as pessoas continuam intimamente ligadas às que deixaram para trás. Podem estar próximas, mas também podem estar a milhões de quilômetros de distância, pois raramente conseguem ser vistas ou ouvidas pelo ente querido ainda vivo. Quando criança, Allison foi ensinada a acreditar num paraíso etéreo, que era descrito de modo abstrato e em que só se pode entrar seguindo-se a uma série de regras; contudo, via com clareza que estava cercada de pessoas mortas. Ser confrontada com uma situação em que se vê uma coisa e se aprende outra ligeiramente diferente mostrou-se bastante frustrante. Ainda bem que ela aprendeu a lidar com isso e desenvolveu uma percepção muito forte de si mesma e a habilidade de se manter firme em suas convicções. Allison vê o mundo em preto-e-branco, sem tons de cinza; não vive pelas regras, mas pelo que acha certo, e se deixa guiar pelo coração.

Várias vezes, Allison e eu tivemos aquela conversa de "por que eu?", quando ela questiona por que tem seu dom. A mais recente foi no verão passado. Era um domingo em família. Saímos para nadar com nossos filhos e, depois, preparamos um delicioso churrasco à moda tipicamente americana. Pus os hambúrgueres para grelhar e Allison fez uma bela salada de macarrão. Tenho uma excelente receita secreta de hambúrguer, que ela adora. Em minha opinião, todo pai tem que ter uma, mesmo que seja apenas adicionar à carne um pouco de molho *teriyaki*. A minha é mais complicada e não envolve *teriyaki*, mas, graças a ela, meus filhos sabem que os amo, porque dedico um tempo a mais preparando a refeição do jeitinho que eles gostam. Às vezes, Fallon me ajuda a preparar os hambúrgueres. Uma vez, discretamente, ela adicionou uma pitada de açúcar ao molho. Não contei isso a ninguém, e todos adoraram os hambúrgueres naquela noite. Agora, ela fica encarregada do próprio ingrediente secreto especial. Por favor, não contem a ela que revelei seu ingrediente secreto.

Depois desse dia maravilhoso, nossos filhos decidiram entrar para brincar, enquanto Allison e eu continuamos no quintal saboreando uma taça de vinho. Foi quando teve início a conversa de "por que eu?". A pergunta não foi feita em tom de lamento, mas como parte da busca por um propósito. Em sua vida, Allison busca o propósito dos eventos; eu, por outro lado, me contento em acreditar que algumas coisas apenas são do jeito que são, sem haver um propósito maior. Repetidamente, ela me mostrou como uma seqüência de eventos aparentemente aleatórios e desconexos, quando tomados como um todo, evidenciam um plano maior.

Lembrei a Allison o que a torna tão especial, afora o fato de ser uma médium: ela também é muito inteligente, bonita, determinada, honesta, caridosa, sábia, jovial e íntegra — em resumo, não conheço ninguém melhor do que ela. É pessoa de palavra: quando faz uma promessa, cumpre. Gosta de se gabar de que, de algum modo, tem sangue de caubói nas veias. Acho que, embora criada em Phoenix, Arizona, cujos antigos habitantes eram ótimos atiradores, ela é do jeito que é independentemente de onde nasceu. Allison é quem é porque é quem é!

Para explicar essa frase aparentemente ridícula, devo partilhar uma história curta a respeito de quando ela viajou para o Havaí ainda adolescente. Em virtude de uma série de escolhas suas, Allison, então com 16 anos de idade, se viu em cima de uma prancha de surfe, distante da praia e assediada por um tubarão enorme. Nesse momento, ela disse a Deus que, se Ele a mantivesse a salvo, faria o que Ele pedisse e "ajudaria os outros". Deus mandou uma corrente que a levou em segurança para a areia. Ele cumpriu Sua parte do acordo e ela está cumprindo a dela. O primeiro "é quem é" significa que ela está fazendo o que Deus pediu; a segunda parte, "porque é quem é", significa que não há outra maneira para se manter íntegra em sua palavra. Allison é a única pessoa que conheço que discute com Deus. Não quer dizer que ela é irreverente, mas que Ele está sempre presente em sua vida. Ela conversa com (reza para) Deus e o escuta. Jamais a ouvi dizer que Ele lhe fala diretamente, mas que a agradece e a orienta por meios indiretos. Em virtude de sua honestidade, Allison não esconde de Deus quando se sente infeliz por causa de algo que lhe é pedido. De início, era um pouco assustador, mas acabei me acostumando. Esta é uma lição que estou aprendendo com ela: seja honesto consigo mesmo e viva com a consciência de estar despido diante de Deus.

Sei que meu pai compartilha de minha vida hoje, mesmo tendo morrido mais de treze anos atrás. Em muitas ocasiões, Allison conversou com meu pai em meu lugar. O que quero dizer de verdade é que ela escuta meu pai e me conta o que ele diz. É minha intérprete. Sei que ele pode me ouvir e, agora, reconheço como certa a leve sensação que às vezes tenho de que ele está por perto. Agora que admito que ele está por perto, não preciso da confirmação de Allison.

Nem sempre meu pai fala de maneira sutil. Já houve ocasiões em que ele disparou alarmes de incêndio misteriosamente. Sem dúvida, o sinal mais fabuloso de sua proximidade foi o fato de Fallon ter nascido no quinto aniversário de sua morte, no mesmo hospital onde ele havia morrido. Não era o mais próximo de nossa casa, mas Allison achava que as enfermeiras de lá eram mais atenciosas. À época, eu achava que meu pai havia morrido em 28 de abril, mas depois descobri que ele morreu em 29 de abril. Minha mãe explicou que ele morreu depois da meia-noite, no meio da madrugada. Não soube disso até o nascimento de Fallon, mas o aniversário dela se tornou ainda mais especial.

Também sei quando meu padrasto está perto. Era um homem e tanto, a quem amo muito. Ele tem um jeito incrível de achar a música certa no rádio, justamente quando você precisa. Ele também tem o dom de fazer Allison feliz. Só queria conseguir ouvi-lo melhor enquanto escolho presentes de aniversário. Tenho certeza de que, se pudesse ouvi-lo neste exato instante, ele diria: "Não me dê ouvidos, dê ouvidos a sua esposa. Ela é quem dirá o que a deixa feliz!".

Graças a meu casamento com Allison, aprendi que estamos aqui, nesta terra, para viver e amar uns aos outros. Aprendi por que é tão importante ser eu mesmo, ser honesto e ser íntegro. Aprendi que meu pai, meus avós e meus ancestrais estão aqui, comigo, porque me amam. Eles poderiam estar por aí, fazendo outras coisas, mas, em vez disso, preferem me visitar. Como diz Allison: "Somos o paraíso deles". A aventura de escrever este capítulo me ajudou a perceber que eu sei o que é o paraíso: Allison é meu paraíso.

Apresentação

Enquanto escrevia este livro, decidi que mostrar minha perspectiva seria bom, mas mostrar minha perspectiva e a da pessoa a quem dou consulta seria mais proveitoso para os leitores. Acho importante que aqueles que sofrem tenham com quem se relacionar, outras pessoas que trilhem o mesmo caminho. Neste livro, as pessoas a quem dei consulta falam com as próprias palavras sobre como seguiram em frente e o que nosso encontro fez por elas. Partilho detalhes de cada consulta. Também esclareço por que ser uma médium exerce tanto impacto em minha vida, bem como na de meus familiares.

Conheci muita gente nova durante o circuito pela imprensa no lançamento de meu primeiro livro, em entrevistas para rádios e TV e nas rodadas de perguntas e respostas antes das sessões de autógrafo. Percebi que há linhas de questionamento comuns. Muitos perguntam como é o paraíso. Há uma preocupação óbvia com o que ocorre aos entes queridos depois que falecem. As pessoas se perguntam sobre a conexão entre mortos e vivos. Às vezes, chegam-me perguntas de pessoas preocupadas de que o luto pelo ente querido possa impedi-lo de passar inteiramente para o outro lado.

Este livro aborda alguns dos diversos modos como as pessoas morrem — por exemplo, por suicídio ou acidente — e dos diversos modos como mostram que permanecem aqui. Uma pergunta que ouço com freqüência é: "Por que querem continuar aqui depois de mortas?". Ora, é claro que é porque nos amam, mas há outras razões. Nossos parentes falecidos querem se conectar com os vivos porque nossa vida se baseia na emoção e está continuamente evoluindo, como ocorre com a deles. Eles permanecem conosco voluntariamente para partilhar de nossas emoções e ajudar a nos ensinar o que precisamos aprender. Em geral, querem se certificar de que não repetiremos seus erros, as coisas de que acabaram se arrependendo e que fariam diferente se tivessem uma chance. Também lhes proporciona um enorme prazer partilhar de nossas vidas, especialmente quando conversamos sobre eles ou com eles. É importante estar aberto às mensagens enviadas pelos que partiram antes de nós, os que ainda são um pedaço de nós. Parte do propósito de meu livro é fazer os vivos se abrirem aos espíritos que continuam a partilhar da vida de seus entes queridos. Dedicar amor às pessoas que morreram não as detém, como pensam alguns, mas lhes dá vida. Elas ficam a nossa volta porque somos o que consideram a utopia, seu "paraíso".

Existe um paraíso, um lugar impecável onde existimos depois de mortos. Há um céu branco e uma água azul que os olhos dos vivos não podem ver. Há crianças correndo em meio às folhas perfeitas de uma reluzente relva esmeralda, com raios de sol se refletindo em cada fio de seus cabelos. Há idosos pescando nos mesmos rios onde pescavam quando meninos, acompanhados do cãozinho que morreu quando ainda eram pequenos. Homens e mulheres que foram casados por cinqüenta anos e agora têm a mesma aparência de quando se casaram e passeiam de mãos dadas ao longo de uma alameda. É tudo isso e muito mais.

E mesmo com tudo isso, não é exatamente o paraíso para quem morreu porque, em geral, nem todos os seus entes queridos estão lá. Procurem compreender: são as falhas dos vivos, são nossas tentativas de entender quem somos, de como nos conectarmos com os outros e de como passarmos nosso tempo na terra que interessam aos que se foram. Eles querem ver como nosso caráter se fortalece quando somos desafiados. Querem ver progredir na vida aqueles que levam seus nomes. Querem ver crianças nascendo e aniversários sendo celebrados, ajudar os doentes a melhorar, dar-nos força nos momentos de fraqueza. Pais que morrem ainda querem estar junto aos filhos nos dias em que mais forem necessários. Crianças que morrem querem ver seus pais, parentes e amigos rir de novo e — mais importante — querem "sentir" sua presença e seu amor duradouro. Portanto, sim, eles têm um belo santuário onde todas as coisas são como deveriam ser, mas jamais se esqueçam de que *nós* somos o paraíso deles.

CAPÍTULO 1

AQUI DE VOLTA

A perda de um filho deve ser a mais difícil de se suportar. Tenho três filhas que representam tudo para mim e sei que o maior medo de todos os pais é sobreviver a um filho. Não passo um único dia sem agradecer a Deus por minhas filhas, e sei de pais cujos filhos faleceram que agradecem a Deus por cada dia que passaram com eles. Espero que meus leitores encontrem algum conforto e inspiração nas histórias que partilho neste capítulo. A conexão entre pais e filhos jamais pode ser interrompida, nem mesmo pela morte. Nossos filhos são parte de nós, não só física, mas também espiritualmente. Os pais são os zeladores, os protetores de uma vidazinha indefesa que cresce sob nosso amor e nossa orientação. Acho que é por isso que a perda de um filho, mais do que outras perdas, é seguida de certa quantidade de culpa. O amor é indivisível, por isso jamais haverá de fato um "Adeus", só um "A gente se vê".

Pedi a uma mulher a quem dei consulta que contasse em detalhes a perda de sua filha e sua experiência. Incluí, também, o modo como a consulta me afetou pessoalmente.

■ O amor de uma mãe

Por estranho que pareça, a primeira vez que "encontrei" Allison DuBois foi na primavera de 2005. Contudo, meu verdadeiro primeiro contato com ela foi o som de uma voz suave, com a fala mansa e arrastada do Oeste, chegando a mim através das mais de 3 mil quilômetros de linhas telefônicas que, de Nova York, me conectavam a ela, no Arizona. Só não estava preparada naquele dia para termos uma conexão via extensão telefônica!

Fazendo uma retrospectiva, vejo que os acontecimentos que conduziram a esse encontro foram como a perfeita coreografia de uma companhia profissional de dança. Minha filha Candance havia morrido com 15 anos de idade, em setembro de 2002, num acidente ocorrido enquanto viajava no carro do irmão, que ficou em coma por vários dias. Começamos a identificar os sinais de sua presença ainda no dia do funeral, primeiro por meio de amigos próximos e, depois, pessoalmente. Era claro para mim que ela estava por perto, e isso me proporcionou a disposição necessária para levantar todo dia. Mas meu marido não conseguia compreender o conceito de um mundo além do mundo físico. Suas dores e suas dúvidas eram irremovíveis e chegaram a me fazer questionar minhas próprias convicções.

Nesse meio tempo, lâmpadas se apagavam em nossa casa e logo voltavam a se acender, enquanto ficávamos lá, com uma lâmpada de reposição nas mãos. Sons eletrônicos emanavam do termostato em nosso quarto. De repente, parecia que o eletricista, a pedido de meu marido, andava passando tempo demais em nossa casa.

À época, havíamos parado de ler livros sobre luto e ambos havíamos concluído que eram de pouca ajuda. Passamos aos livros religiosos, atrás de uma explicação para o fato de uma jovem tão maravilhosamente brilhante, alegre e talentosa ser levada deste mundo. Onde estava a justiça? Não nos havia sido ensinado que Deus era onibenevolente? Quando se perde um filho, é difícil entender por que ele tem que partir. Questionar Deus parece fazer sentido.

Então, um dia, enquanto esperávamos uma reunião com a equipe de reabilitação de nosso filho Jon, paramos para tomar café numa livraria próxima. E lá, num mostruário apenas a poucos passos de nossa mesa, havia um livro com o relato de médiuns que estavam sendo examinados por um laboratório universitário. É óbvio que o compramos, juntamente com outros livros. Queríamos explorar a espiritualidade e abordar o assunto de todos os ângulos.

Alguns dias depois, passei pela experiência de receber o mais inacreditável sinal do outro lado... e, dessa vez, não era de minha filha. Estava indo apanhar Jon depois de uma sessão de fisioterapia quando, de repente, tive que parar de dirigir ao me ver dominada pela perturbadora necessidade de saber a idade de uma garotinha que, em 1991, havia perdido a vida alguns dias após ser esmagada por uma porta do ginásio de uma escola primária próxima. Não sabia por quê, apenas me senti compelida a descobrir. Depois de me recompor, voltei à pista e continuei no caminho para pegar meu filho. Quando chegamos em casa, fomos recebidos por meu marido, Tom, que havia acabado de localizar uma reunião dos Compassionate Friends [amigos compassivos] (grupo de apoio para qualquer pessoa que haja sofrido uma perda), e tínhamos que jantar às pressas para chegar na hora. (Os recém-admitidos eram orientados a chegar mais cedo, para conversar com os "companheiros" antes do início da reunião.) A caminho do local, contei a Tom a estranha experiência daquele dia.

O ritual observado nas reuniões daquela seção dos Compassionate Friends era fazer a volta à sala de modo que cada pessoa tivesse a oportunidade de dizer quem era e quem havia perdido. Quando chegou a vez de a mulher sentada atrás de mim se apresentar ao grupo, reconheci-a como sendo mãe da menininha que havia me "visitado" mais cedo, no carro. Eu havia tido uma impressionante interação com a filha falecida dessa outra mãe, era como se estivesse sendo preparada para ver minha própria filha. Quando me dei conta da enormidade do momento, cravei as unhas no braço de meu marido.

Quando fizemos uma pausa para o café, fui falar com ela e contei a "coincidência" ocorrida mais cedo naquele dia. "Que bom", ela respondeu. "Hoje é aniversário de minha filha. Ela estaria fazendo 21 anos de idade."

Ora, Tom e eu somos casados faz mais de trinta anos. Jamais ele me viu mentir ou sequer distorcer a verdade, mas se eu não contasse a história a caminho da reunião dos Compassionate Friends, jamais ele teria podido desfrutar verdadeiramente a experiência de ver o espírito de uma criança descobrir um jeito de contar à mãe que estava lá, com ela, nesse aniversário tão especial.

Nessa ocasião, meu marido acabara de ler o livro sobre os testes de mediunidade e decidira entrar em contato com a universidade mencionada. Nosso objetivo era ter uma consulta pessoal com cada um dos médiuns que haviam participado das experiências no livro. Se ele encontrasse uma explicação científica para a "visita" da garotinha, era possível que também descobríssemos uma maneira de chegar a nossa filha.

Em fevereiro de 2003, recebemos a resposta de uma cientista da universidade. Em março de 2003, conversamos por telefone com nossa primeira médium da pesquisa, Laurie Campbell. Mais tarde, em agosto, viajamos ao Arizona para nos encontrar com Laurie e participar de uma experiência. Foi algo maravilhosamente benéfico para mim, mas Tom, aferrado ao mundo físico, ainda quis mais provas!

Por fim, recebi um telefonema do laboratório universitário nos convidando a participar de um grande experimento que estava para ter início. Não precisaram pedir duas vezes. Estava pronta até para embarcar num avião, antes que o coordenador explicasse que tudo se daria através do telefone!

Algumas semanas depois, num dia predeterminado, sentei-me em casa, como havia sido instruída, à espera do telefonema da cientista. Só a idéia de voltar a entrar em contato com minha filha me deu mais forças do que jamais havia sentido desde sua partida.

Quando, enfim, o telefone tocou, a cientista explicou que eu não podia dizer uma palavra; tão logo botou a médium do outro lado da linha, tivemos que desligar! *Desligar?* Sim, esta era uma das muitas etapas do experimento. Voltariam a ligar em meia hora. Fiquei aguardando enquanto a cientista discava outro número, para uma conferência por telefone. A voz suave do outro lado, com a fala mansa e arrastada do Oeste, disse: "Alô".

A cientista disse: "Oi, Allison. Está pronta? Quando desligarmos, você dará início à etapa 1A", e, depois, todas nós desligamos. Na etapa 1A a médium passava para a cientista informações sobre a pessoa falecida. Fiquei ali sentada um instante, esperando que acontecesse algo especial — uma sensação especial, algum sinal, alguma coisa que me dissesse que este outro mundo estava entretido com a ciência da vida após a morte ou — pelo menos — que minha filha estava perto, esperando a vez de falar.

Quando o telefone voltou a tocar, meia hora depois, estava cheia de expectativa. Dessa vez, Allison foi apresentada a mim. Fui identificada como "consulente" e, outra vez, alertada a manter silêncio. A desencarnada (falecida) foi identificada como "filha da consulente".

Enchi de anotações dezenove folhas enquanto Allison evocava fatos sobre Candance, como se estivesse bem a sua frente! E talvez estivesse. Allison mencionou um gato do outro lado, com minha filha. Descreveu parte de seu falecimento, meu pai e o modo como morreu, as atividades de que ela gostava, sua timidez antes de se acostumar às pessoas novas, o modo como sempre se sentava na cozinha para me ver fazer pudim de chocolate no fogão, o quanto adorava ir ao cinema. Allison retransmitiu esta mensagem: "Agora posso tomar conta de você como você tomou conta de mim".

As mensagens não paravam de chegar. Mas uma em particular me ajudou a lidar com um sentimento comum entre os que estão de luto: a culpa.

"*O Rei e eu*", disse Allison. "Ela diz: 'Mamãe estava assistindo'."

Quis falar, mas segurei minha língua.

Como mãe de três filhos, eu literalmente morava no carro, levando-os dos jogos da Little League[1] para o caratê, das festas de ani-

1. A Little League Baseball é uma entidade sem fins lucrativos que organiza ligas infantis de beisebol e softball nos EUA e em outros países. (N. da T.)

versário para os eventos escolares. Conforme as crianças se envolviam num número de atividades cada vez maior, Tom e eu passamos a escolher a dedo aquelas a que podíamos comparecer, e, por via de regra, tínhamos que nos separar. Tom sempre optava por comparecer aos eventos de nossa filha, ele sempre teve uma ligação muito especial com ela. Mas à apresentação de *O Rei e eu* no primário, fui eu que compareci, em vez de meu marido. A morte de Candance me fez lamentar haver perdido tantos jogos e apresentações, e lá estava Allison, mostrando que ela chamava atenção para a peça que ela sentira tanto entusiasmo de participar e que eu sentira tanto orgulho de comparecer.

Se desligássemos naquela hora, já me sentiria grata, mas no fundo queria que a consulta durasse para sempre. Não importa o quanto sejam freqüentes ou significativas, para quem perdeu uma filha as conexões nunca são suficientes.

Allison prosseguiu enquanto Candance falava de haver deixado o irmão para trás: "Sinto saudades e ainda implico com ele". Ela informou que já não precisava comer as verduras que eu insistia que fossem consumidas no jantar e sabia que nosso primo havia acabado de ganhar um novo cachorrinho.

As informações continuavam a fluir. Metade de mim queria que parasse, para que Allison soubesse o quão significativos eram esses fragmentos de informação; a outra metade queria ficar sentada, ouvindo Candance por toda a eternidade.

Já estávamos no telefone fazia quase duas horas, completando as etapas 1B, 2B e 2C do experimento, com um intervalo de quinze minutos entre uma e outra. Cada etapa era diferente. Na primeira, não havia consulente viva presente. Depois, uma consulente viva ouvia ao telefone mas sem responder, enquanto uma pesquisadora fazia à médium uma série de perguntas. Por se tratar de experimento científico, o processo era profundo e muito ordenado. Por fim, chegamos à etapa 3, descrita nas instruções do laboratório como: "Você e a médium participarão de uma consulta convencional em que você não permanecerá em silêncio, e poderá haver um diálogo franco".

Viva! Posso falar. Não me interessava uma "consulta convencional". O que queria com essa mulher fabulosa era partilhar algumas coisas que ela trouxera e que me diziam, em termos nada incertos, que Candance se juntara a nós na extensão telefônica. Nesse momento, fui formalmente apresentada a Allison DuBois.

O que não esperava, nesse instante, era que Candance não houvesse desligado o telefone. Assim, enquanto eu tentava conversar com Allison sobre *O Rei e eu*, ela se intrometia para chamar o irmão de "cabeça-dura". E enquanto eu mencionava o neném que se mudara para a casa vizinha, com o nome incomum de Cole (que Allison já mencionara na consulta pelo nome!), ela também nos disse com toda convicção que ele sabia que ela estava lá!

E então pude ouvir Allison chorando ao telefone. "Ela ama vocês. Diz que você é uma 'mãe maravilhosa' e que se sente muito próxima de você. E disse: 'O papai se machuca fisicamente, guardando aquilo tudo dentro dele'".

Então, apenas para se certificar de que todos sabíamos que era ela, Candance nos brindou com um pouco de seu humor implicante. Allison descreveu minha sogra, concentrando-se na coisa exata com que Candance sempre implicava na avó: mostrou a Allison uma mulher miúda, de cabelo platinado e sobrancelhas desenhadas. Minha resposta afirmativa para Allison evocou uma palavra de Candance. "'Vovozinha!'", disse Allison. "Ela manda lembranças em seu nome."

E depois havia a fotografia que Allison descrevera anteriormente no experimento: "Uma foto dela com a melhor amiga ou a irmã... uma menina, só as duas, braços em volta uma da outra, sorrindo para a câmera". Antes de desligar, quis que Allison soubesse que descrevera a foto que eu olhava todo dia em minha mesa no escritório. Nem bem as palavras saíram de minha boca, Allison disse: "Feliz Dia dos Namorados. Ela pede que eu diga: 'Feliz Dia dos Namorados'".

Por um instante, fiquei confusa; faltavam meses para fevereiro![2] Então, lembrei que era Dia dos Namorados quando o laboratório finalmente respondeu aos muitos e-mails e cartas que meu marido escrevera. Eram 16h30 quando fizemos os agradecimentos e despedidas. Agora, sentia-me emocionalmente num novo estado. Não só por causa da habilidade de Allison de se conectar com os mortos, mas porque ela havia conversado com Candance. Vira minha filhinha, falara com ela, e esta respondera dizendo coisas que somente nós duas sabíamos, enviando mensagens de amor, garantias de que estava bem, feliz e onde deveria estar, promessas de que olharia por nós, a confirmação de que passara um tempo conosco e, até, de que se sentara e jantara conosco. Mal podia esperar para repassar minhas anotações com Tom.

Na manhã seguinte, acordei me sentindo diferente. É, eu verifiquei: o buraco no peito ainda estava lá, mas já não estava sangrando. Troquei de roupa e desci para o escritório. Lá estava a foto: Candance com a irmã — a melhor amiga, a confidente —, bem-vestidas, braços à volta uma da outra e sorrindo para a câmera, exatamente como Allison (ou Candance?) descrevera.

Removi a foto da moldura com carinho e liguei o scanner para enviá-la ao laboratório por e-mail, como forma de validar os dados do experimento. Eis a ciência, pensei. Era disso que meu marido precisava e é disso que o laboratório precisa para validar os dados. Virei a foto para baixo.

E atrás dela vinha escrito: "Dança do Dia dos Namorados".

Fazendo uma retrospectiva, esse parece haver sido o marco de um momento de profunda alteração na jornada de minha vida. Pouco tempo depois, Tom recebeu a primeira "visita" da filha (sentindo sua presença e vendo-a num sonho), e a irmã de Candance passou

---

2. Nos EUA, o Dia dos Namorados (Valentine's Day) é comemorado em 14 de fevereiro. (N. da T.)

pela experiência de outra "visita" no mesmo dia. Contudo, todos aprendemos muito depressa que não podíamos partilhar esse entusiasmo com qualquer pessoa. Em vez disso, precisávamos, primeiramente, nos certificar de que falávamos com um "crente".

Não demorou muito para que nos déssemos conta de que não éramos os únicos a passar pelas experiências por que passávamos, nem a temer partilhá-las. É difícil conversar com outras pessoas sobre ver falecidos em sonhos, sentir sua presença nas proximidades ou, mesmo, tê-los diante dos olhos. Quem quer conversar com um descrente, lidar com suas dificuldades pessoais com relação à vida após a morte e ver a reação dele de algum modo privá-lo de sua experiência especial?

Em toda minha vida, jamais tive medo de influenciar a mudança. Era claro para mim que o modo de pensar dos ocidentais nega a existência de uma força poderosa — que muita gente relata haver percebido em primeira mão e que pode proporcionar benefícios maravilhosos aos consternados — e que essa mentalidade precisa claramente de uma mudança.

Ajudando Candance a se manifestar

Em 2003, fui submetida a um teste mediúnico por intermédio de uma universidade. Uma cientista me contatou por telefone e fez uma série de perguntas sobre um teste formal. Fui solicitada não só a responder às perguntas como, também, a fornecer as informações recebidas dos falecidos. Seriam feitas consultas com duas pessoas diferentes, que jamais houvessem se conhecido e que houvessem passado pela experiência de uma perda.

No primeiro teste, não parava de ver uma jovem que se apresentava jogando voleibol. Ela também insistia em falar em *O Rei e eu* e na "peça", como chamava. Disse à cientista que ou ela estivera na peça, ou, de algum modo, era sua favorita. A "consulente", que não podia falar na primeira fase do teste, era solicitada a apertar um botão no telefone confirmando quando sentisse que toda a informação fornecida dizia respeito, de fato, ao ente falecido que desejava contatar. Foi o que fez. Depois da fase inicial, a consulente, bem como a cientista, foi autorizada a tecer comentários enquanto eu continuava fornecendo informações. A falecida mencionou um restaurante chinês como algo importante. Entre muitos outros fragmentos de informação, revelou haver machucado a cabeça na hora em que morreu e disse que o vôlei era importante para ela. São exemplos típicos das informações que podem ser evocadas numa consulta.

Após alguns meses (o laboratório era meio lento para fornecer os resultados), o teste foi avaliado pelos pais da falecida e pude ver a precisão das informações que forneci na consulta. O procedimento é importante, pois o consulente avalia cada fragmento de informação isoladamente. Os diversos fragmentos recebem, cada um, uma nota entre 1 e 6, em que 1 significa que não se parece nada com o falecido e 6, que é rigorosamente específico. Após as centenas de fragmentos serem avaliadas e classificadas entre 1 e 6, pode-se apurar o nível de especificidade obtido pelo médium no teste. A falecida se revelou uma linda e surpreendente adolescente, que morrera num acidente de carro. Na escola, jogara no time de vôlei e também estivera na produção de *O Rei e eu*. Machucara a cabeça em virtude dos ferimentos sofridos no acidente fatal, ocorrido depois de jantar com os pais num restaurante chinês. Eram detalhes importantes, partilhados por Candance na consulta. Não incluirei todos porque são muitos, mas os leitores podem ter uma idéia do que aconteceu naquele dia.

Faltam-me palavras para dizer o quanto gostei de ajudá-la a se manifestar e o quanto me senti afortunada por poder passar pela experiência do amor que essa mãe e essa filha têm uma pela outra. Foi uma consulta comovente, em especial porque tenho filhas e me solidarizei com os pais da falecida. Às vezes, as pessoas me dizem que são incapazes de fazer o que faço; elas dão atenção demais ao sofrimento envolvido. É importante para mim que entendam meu ponto de vista. Considero-me uma das pessoas mais afortunadas do mundo. Embora meu trabalho seja comovente, de tanto dar consultas às pessoas aprendi a pôr de lado meus próprios sentimentos e abrir espaço para os outros poderem partilhar. Quando as coisas ficam difíceis de verdade, quase todos os médiuns conhecem outras pessoas — em geral, outros médiuns — que lhes dão ouvidos enquanto descarregam esses sentimentos. Sinto-me privilegiada por estar em posição de aliviar a dor das pessoas e chegar até os entes queridos que morreram. Os médiuns não querem ser mártires; vemos várias coisas boas nas consultas. Sentimos o amor entre os clientes e os falecidos. Somos observadores das lembranças especiais retidas pelos falecidos. Mães que se foram mostram fotografias, como num filme caseiro projetado em minha cabeça. Mostram os filhos soprando as velas do bolo de aniversário. Crianças que morreram fazem ver aos pais vivos o quanto se sentem especiais por haverem nascido deles. Pais mostram filhos ainda pequenos dançando com eles, às vezes subindo em seus pés enquanto eles valsam de modo desajeitado. Vemos o amor, vemos a dor, mas — o mais importante — vemos que os mortos não partiram.

Vocês devem lembrar que eu disse que haviam sido feitos testes com dois consulentes diferentes. Com o segundo consulente, parei por quinze minutos no decorrer do teste e disse à cientista que não poderia concluí-lo, pois o falecido era alguém que eu reconhecia de uma consulta de dois anos antes. Era algo extraordinário eu conseguir identificar uma pessoa falecida de uma consulta anterior. A consulente da primeira consulta, quando me conectei com Candance, me atribuiu nota 6, mas quando os mesmos dados foram expostos ao pai da segunda consulta, que havia perdido um filho, tive nota 1, o que é ótimo! Isso significa que nada da primeira consulta teve nenhum significado para o segundo consulente, embora significasse tudo para a primeira — ou seja, as especificidades evocadas não se ajustavam a toda e qualquer pessoa, como poderia argumentar alguém de mentalidade cética.

A mãe de Candance me encontrou e fiquei feliz de trazer a filha até ela. Contudo, às vezes, é a pessoa do outro lado quem estabelece a conexão inicial, encontrando-me e, depois, também conduzindo os parentes vivos até mim.

■ Filho

Meu filho Brian, de 19 anos, e sua namorada viajaram mais de mil quilômetros de carro para passar o Natal de 2003 comigo e com o padrasto e a irmãzinha dele, à época com 5 anos de idade. Não foi apenas um feriado especial, mas um de que certamente jamais me esquecerei.

Depois do Natal, meu filho voltou do Arizona para Nova Orleans, para passar a virada do ano. Quando não tive notícias dele na véspera do Ano Novo, senti que havia algo de terrivelmente errado — mas meu filho era maior de idade e não quis bancar a mãe superprotetora. Só voltei a ter notícias de Louisiana quatro dias depois, em 4 de janeiro de 2004. Era um investigador de Baton Rouge querendo falar comigo. Disse que meu filho havia morrido. De uma hora para outra, tive certeza de que minha vida se acabara!

Depois da morte de Brian, tive três semanas antes de voltar a trabalhar. Três semanas para entender com a mente e o coração a morte de meu filho e tentar encontrar um sentido em sua perda. A perda era tão recente que me sentia emocionalmente crua. Chorava sem parar no carro, ou onde quer que estivesse. Não havia paradeiro à vista para essa dor e essa tristeza insuportáveis que consumiam meu coração.

Três semanas depois da morte de meu filho, minha cunhada soube do site de Allison na internet, num noticiário local, e falou com meu marido a respeito, sugerindo que eu enviasse um e-mail.

Meu marido teve que fazer isso, pois eu não estava aberta para nada, nem para ninguém, em conseqüência da dor avassaladora. Acho que é normal a pessoa se fechar e levantar a guarda quando perde alguém que ama.

Em 7 de fevereiro, cerca de um mês depois da morte de Brian, telefonaram para confirmar a data e hora de uma consulta com Allison, agendada para mais ou menos seis semanas depois do falecimento. Eu e meu marido saímos cedo de casa para achar o local e chegar lá pontualmente. Allison nos cumprimentou, afirmando que nosso filho estivera com ela por três dias. Disse que tinha copiosas anotações com as informações que Brian lhe transmitira e ela queria confirmar comigo. Gostaria de mencionar que não há nenhum outro modo, nem nenhuma mágica capaz de produzir o conhecimento que Allison tinha a respeito de meu filho. Sempre ouvi dizer que, quando alguém morre, continua em nossos corações. Até perder meu filho, não tinha uma verdadeira compreensão dessa idéia. Nos últimos cinco anos, perdi meu pai e minha mãe, um filho ainda menino e meu filho adolescente, e quando digo que não queria mais viver, falo sério. Quando digo que Allison salvou minha vida, também falo sério.

Allison começou descrevendo a coloração, o tamanho e as características da personalidade de um cão que viu ao lado de meu filho. Imediatamente, reconheci o cão pela descrição e pensei ternamente num membro peludo da família, que morrera antes de Brian. Pensei no quanto era engraçado que, de imediato, ele aparecesse para Allison com um de nossos quatro *schnauzers* de estimação, de nome Glitche. Achei hilariante porque era o menos predileto de seus cães. Sei que ele sabia que seria importante eu saber que Glitche estava bem, pois significava muito para mim. Agora, Glitche é seu fiel companheiro no outro lado.

Brian disse que queria que eu localizasse duas caixas que comprovariam muita coisa da consulta que não entendi na ocasião. Por exemplo, Allison disse: "Ele passa muito tempo com Alexander".

Respondi: "Você quer dizer Alexandra".

Allison retrucou: "Não, Alexander".

Não conseguia atinar sobre as caixas ou Alexander. Dois dias depois da consulta, recebi um telefonema de uma antiga senhoria. Havíamos morado no prédio dela três anos antes da morte de meu filho. Ela afirmou que encontrara duas caixas com o nome de Brian rotuladas "lembranças". Queria saber se eu sabia do que se tratava. Imagino que, depois de passado tanto tempo, ela já não lembrasse o nome de meu filho. Seu telefonema fora uma dádiva de Deus. Depois de absorvido o impacto, fiquei imaginando o que haveria nas caixas.

Quem já perdeu alguém sabe o quanto foi valioso receber esse telefonema. Poder ter em mãos algo que foi de meu filho e saber que, do outro lado, ele orquestrou essa dádiva para que eu soubesse que ainda estava aqui, comigo, foi inestimável. E não se tratava de qualquer coisa, mas de recordações de infância — não podia haver nada melhor.

Fui buscar as caixas sem demora. Quando abri a primeira, achei uma pasta com um projeto que Brian concluíra na escola, intitulado "Antigas famílias de Louisiana". A biografia de "Alexander Stirling, dos anos 1700", foi a primeira coisa em que pus os olhos. Era um antepassado da família sobre quem meu filho queria saber mais.

Allison também descreveu uma visão de uma grande extensão de água com pedalinhos. "É onde seu filho gosta de ficar. Ele passa o tempo lá".

Allison disse que nunca havia estado em Louisiana ou no Rio Mississipi. Ela descreveu cada detalhe da região tintim por tintim. É preciso ter em mente que ela nada sabia de nossa origem em Louisiana e que não tenho sotaque.

Allison prosseguiu explicando como meu filho morreu, como lhe foi dada alguma coisa que causou uma reação ruim. Descreveu a rapidez com que ocorreu e como ele deixou este mundo sem sentir dor alguma.

Ela descreveu seu espírito e sua personalidade, empregando palavras e expressões que ele empregaria.

Allison me forneceu nomes de músicas que Brian tocava para mim e que, depois que ele se foi, continuou tocando constantemente por meses. Estivesse eu no carro ou num elevador, ouvia as músicas citadas. Ela explicou o modo como os espíritos, sendo dotados de uma energia quase elétrica, podem manipular outros objetos com a mesma energia — computadores, rádios etc. —, para enviar sinais de que ainda estão presentes.

Ela descreveu a relação de meu filho com a irmã menor, antes e depois de morrer.

Ela falou de um homem mais velho com quem ele joga damas. Quando falei com o pai biológico de meu filho, em Louisiana, fui informada de que seu avô jogava damas o tempo todo.

Allison também disse: "Ele diz que ainda a chama ao telefone".

No mesmo instante, apanhei a bolsa e tirei o celular. Tive que mostrar a mensagem de texto que Brian enviara *depois* de partir. A mensagem dizia que ele me amava. Allison confirmou que, de fato, ele havia me chamado quando deixou a mensagem de texto no celular. Isso ocorreu três dias depois de ele morrer. A mensagem não pôde ser rastreada. Em outubro, nove meses depois de sua morte, ele voltou a me enviar uma mensagem de texto quando meu pai morreu. Acho que queria que eu soubesse que estava junto de meu pai. Nas ligações, era o nome de meu filho que aparecia na tela.

Allison prosseguiu: "Seu filho diz que sente saudades do churrasco de costela".

Ela explicou que aqueles que morrem costumam aludir aos pratos prediletos. Meio como um cartão de visitas, mas também porque esses pratos trazem bons sentimentos em vida.

Esse é o prato de que ele mais gosta no mundo todo. Quando preparamos costelas para o jantar, Brian sempre nos dá um sinal de que está conosco. Sejam as luzes que piscam ou algum animalzinho que se aproxima de nós, no jardim, e que nos encara olho no olho.

Allison confirmou que o aviãozinho de brinquedo de minha filha, em cima de nosso televisor, acendia e girava mesmo sem pilhas. Era coisa que ocorria regularmente. Allison confirmou uma suspeita nossa: Brian era o culpado. Ao que parece, ao influir nos objetos, os espíritos informam que estão próximos dos donos. O brinquedo é de minha filha, portanto meu filho quer nos deixar a par de que está cuidando dela.

Allison forneceu diversas outras mensagens e nomes de membros da família que confirmei. Há muito a mencionar, mas os sinais que ali estão — diariamente, semanalmente, o tempo todo — são o que mais têm significado para mim. Esse foi o presente que ela me deu. Allison me colocou no mesmo plano energético de Brian para eu poder desfrutar os sinais, em vez de descartá-los. Seu reconhecimento dos sinais que eu já suspeitava serem de Brian, sem que ela o soubesse por mim, serviu para confirmar que meu filho está me contatando. A verdade é que, em meu coração, já sabia disso. *Sei* que meu filho estará sempre por perto. Agora, posso desfrutar seus sinais e conversar com ele sabendo que me ouve.

Brian não se limitou a contatar Allison, mas a se comunicar por meio dela. A mão que meu filho me estendeu salvou minha vida. Eu era cética? É claro que sim. Queria que fosse verdade? É claro, também. No entanto, não tinha noção da quantidade de informações detalhadas que meu filho transmitiria a Allison. Vi-me surpresa diante da prova inquestionável de que ele ainda existia. Essa prova viria à tona inúmeras vezes, reforçando em mim a certeza de que meu filho jamais deixara sua mãe. Ele não se foi.

Se, contando minha história e partilhando minha relação com Allison, eu ajudar alguém a enfrentar um pouco melhor a perda de um filho, Brian ficará contente. Sinto de verdade que tudo que ocorre na vida é parte de um plano maior — maior do que o que qualquer pessoa é capaz de entender. Sou católica. Sempre acreditei no paraíso e no inferno. Não tenho todas as respostas sobre religião ou espíritos, mas afirmo que não acredito que seria capaz de seguir em frente sem que Allison DuBois me desse um empurrãozinho na direção certa. Ela me ajudou a entender que meu menino ainda está comigo, cuidando da irmã, dando sinais constantes de que está por perto. Ainda dói? É claro. Você ainda sente saudades de seu filho? Sim! Sempre sentirá; seus filhos são uma parte de você. Ainda choro, e às vezes me sinto tão triste que, literalmente, choro até dormir. Você sempre olha para trás e se pergunta o que poderia ou deveria ter feito de diferente. Isso alteraria o evento trágico? Você fez algo de errado na vida? Mas meu filho pediu a Allison que me dissesse uma coisa muito importante. Suas palavras foram: "Mãe, você não tinha como evitar que eu morresse. Não estava em suas mãos". Ele também disse que sabe que o amo e que sou uma boa mãe. Assim, quando deito à noite, posso descansar pensando nessa idéia reconfortante.

Allison tem um dom. É um dom de Deus. A morte de Brian completou um ano e meio. Hoje, passo boa parte de meu tempo contando histórias a seu respeito, rindo dele, me lembrando dele dos modos mais maravilhosos. Sei que não poderia mudar o fato de que ele estava destinado a deixar este mundo na hora em que deixou, e isso me dá alguma paz. Saí das consultas com Allison muito convicta. Se puder tocar um único leitor e ajudar essa pessoa, minha dor se tornará mais suportável, porque a morte trágica de meu filho não terá sido em vão.

Quando você acredita que o espírito de seu filho está de verdade a seu lado, se abre mais aos sinais. Eles estão lá, mas é preciso crer que existam. Sou uma mulher de sorte por ter tido um filho incrível durante dezenove anos e sou abençoada por ter uma filha de 7 anos de idade. Sei o quanto sou afortunada por tê-los. Contudo, em minha primeira consulta, meu filho disse saber que eu desejava estar com ele e que pensava que não queria viver mais, mas que ele enviaria sinais o tempo todo e me ajudaria a seguir em frente. Ele me transmitiria a força para eu poder enfrentar cada dia. Disse que, quando for minha hora, quando eu estiver *beeeeem* velhinha, estará lá para me receber no paraíso. Assim, continuarei preparando o churrasco de costela e conversando com minha filha sobre Brian. É uma parte de mim que jamais deixarei que se vá.

■ Um jovem persistente

Sempre me lembrarei do jovem persistente que morou em minha casa por três dias. Se eu ia para o quintal, lá estava ele. Entrava na cozinha, lá estava ele. Ele aparecia e desaparecia de minha casa e de meu quintal o dia todo, cobrando minha atenção, parando diante de mim à espera de que eu largasse tudo por ele, fazendo-me sentir uma ânsia interior de agir como sua secretária e fazer anotações para ele. Quando sua mãe e seu padrasto chegaram para uma consulta, fiquei aliviada de retransmitir suas mensagens, para eu poder voltar a ficar um tempo sozinha. É brincadeira! Ele só estava em minha casa porque sabia que, em breve, os pais estariam lá. Não costumo invocar os mortos. Na maioria das vezes, eles me utilizam como intermediário, cientes de que seus entes queridos estão se encaminhando em minha direção. Creio que meus clientes são trazidos pelos falecidos por meio de estranhas "coincidências". Às vezes, sussurram nos ouvidos dos vivos, dizendo: "Ela, vá até ela".

Era interessante ver como a mãe de Brian chegou a marcar um encontro comigo. À época, minha agenda estava lotada por quase um ano. De algum modo minha secretária, que estava aprendendo a utilizar o computador, encaixara a mãe de luto no horário de uma consulta que fora desmarcada. Ela estava na lista de espera, mas não próxima ao topo, epa! Não se trata só disso, mas adoto como política deixar passar três meses de um falecimento antes da consulta, para que haja tempo de as coisas voltarem aos eixos na vida do cliente e ele ter tempo de voltar a firmar os pés após a perda. No caso dela, só haviam se passado algumas semanas, o que vim a descobrir na consulta. Brian fizera um belo serviço de orquestração!

Brian, que sabia o quanto a mãe precisava de notícias suas, mexeu diversos pauzinhos, o que mostra até onde ele é capaz de ir pela mãe.

Aquilo de que mais lembro na consulta é o instante em que disse a ela: "Ele ainda a contata por telefone".

Ela pareceu um pouco chocada. Depois, pegou a bolsa e tirou o celular. Foi passando as mensagens salvas, e lá estava uma mensagem de texto que Brian mandara *depois* de morto. O nome dele aparecia na tela, com a mensagem: "Te amo, mãe".

Também fiquei aturdida com a menção do rapaz às caixas que confirmariam as informações que eu havia transmitido à mãe. É sempre difícil olhar uma cliente e dizer: "Uma hora isso fará sentido para você". É uma etapa importante do processo de consulta, pois ser informado de algo que ainda está para acontecer serve de reforço à constatação de que o espírito esteve ali.

Jamais questiono os espíritos nessas circunstâncias porque já vi operarem milagres. Limito-me a observar os clientes e tranqüilizá-los dizendo: "É verdade, eles se manifestarão para vocês".

Também me lembro de sentir a dor da cliente e a tentativa de Brian de apaziguá-la. Olhando-a, vi o mesmo rosto que vejo toda vez que dou consulta a uma pessoa que perdeu um filho. Fico feliz não apenas por haver conhecido minha cliente, mas também por haver tido o prazer de conhecer seu filho travesso. Também não aconselho ninguém a sair desesperadamente para se consultar com um médium. Só o que tento fazer é proporcionar aos outros o vislumbre de um lugar que podem não ser capazes de ver por si próprios. E quero tranqüilizar quem estiver de luto por um filho perdido: ele sempre será uma parte de você, mesmo depois de morto. Para aqueles que sabem que seus filhos continuam próximos após a morte, conversem com eles. Eles podem ouvi-los. Se decidirem se consultar com um médium, não atirem no escuro. Acho que o testemunho de um membro da família ou amigo de confiança é a melhor referência de sua habilidade.

Não raro vejo pais carregarem um fardo pesado. É o fardo do "E se? E se eu soubesse? E se eu pudesse mudar as coisas?". Refiro-me aos pais de crianças que adotam um tipo específico de comportamento autodestrutivo que conduz à morte. Como foi o caso de Christine.

Essa mulher maravilhosa perdeu sua preciosa filha adolescente para o vício. É preciso que se diga que o vício foi só uma parte dessa moça. Ela também era obstinada, inteligente, bonita e sensível.

A filha de Christine, Dallas, tinha um desequilíbrio químico. Em virtude da idade da moça, é fácil entender por que Christine achou que Dallas estava apenas sofrendo as "aflições da idade". A maioria dos pais se identifica com isso, uma vez que não é incomum os amigos dizerem: "Ah, quando crescer, ela supera". Infelizmente, algumas crianças não têm essa chance. Dallas, como muitas crianças, experimentou drogas. Até o que Christine sabia, Dallas só fumava maconha. Mas o uso das drogas se transformou em algo muito maior, evoluindo para o vício em *crystal meth*.[3] Quando Christine se deu conta da gravidade do problema da filha, era tarde demais. Expliquei a Christine que sua história poderia ser de proveito para muita gente, que reconheceria pontos de semelhança com as próprias histórias. É importante as pessoas entenderem que muita gente que sofre de desequilíbrio químico se volta para as drogas ou para o álcool para "achar o equilíbrio". Em minha experiência com a manifestação de falecidos que sofriam desse mal, pude perceber que, quanto mais grave o desequilíbrio, mais se entregam às drogas ou às bebidas.

Há uma razão fundamental para contar a história de Christine: impedir qualquer morte que for possível, ensinando por meio do exemplo. Quero que todos saibam que a morte tem um efeito ondulatório, que toca a muitos e ajuda quem está em perigo a ser levado de volta à praia.

---

3. Metanfetamina de efeitos devastadores para o organismo, também conhecida como *glass*, *ice* e *speed*. (N. da T.)

Christine

Nunca pensei que Dallas não sobreviveria a mim. Ela estava seguramente optando pelo caminho mais difícil, mas tínhamos sempre a esperança de que "crescesse" e virasse a bela e divertida filha de antes. Não sabíamos que ela usava *crystal meth* fazia mais de seis meses, antes que ele a tirasse de nós. Isso mostra o quanto a droga pode ser devastadora e rápida. Ela pode mudar e tirar uma vida sem remorso, nem aviso prévio. Aos pais que acham que o filho está envolvido com drogas, suplico que façam *o que for preciso* para salvá-lo. Sei que todo dia desejo que houvesse feito mais, ou que, de algum modo, pudesse salvar minha filha.

Meu marido e eu temos mais dois filhos, Tori e Mason, e é *por eles* que seguimos em frente. Todo dia, agradeço a Deus por tê-los.

Toda noite, costumava pedir a Deus pela segurança, felicidade e saúde de meus filhos. Depois da morte de Dallas, quando comentei com uma colega de trabalho sobre minhas preces e sobre como Deus não me dera ouvidos, ela respondeu: "Alguma vez lhe ocorreu que talvez Dallas esteja feliz agora?".

Essas palavras ficaram gravadas em mim. Acho que são corretas. Minha filha não se sentia feliz aqui, enquanto esteve viva. Quase tão bom quanto Dallas estar conosco foi Allison conversar com ela e nos retransmitir suas mensagens, por meio das quais pudemos saber que ela está num lugar muito melhor. Agora sei que ela se sente muito mais feliz onde está.

Houve alguns fragmentos específicos de informação passados por Allison na consulta que me comoveram de verdade. Quando me sinto triste, volto a pensar neles para lembrar que minha menina ainda está comigo.

Uma das primeiras coisas a sair da boca de Allison foi: "Dallas está perto de alguém do sexo masculino que anda de *skate*, um jovem que ela ama".

Seu irmão Mason, de apenas 11 anos de idade, anda de *skate* quase todo santo dia! Era muito importante para Dallas agradecer ao irmão.

Allison mencionou uma "Ashley" vinculada a Dallas. Disse que agora Dallas está próxima de Ashley. Esse é o nome de sua prima mais chegada, filha de meu irmão. Também neste caso, é reconfortante saber que ela ainda está conosco.

Allison também mencionou um "Jason", que pode ser alguém a quem "culpo". É o nome do rapaz com quem ela vivia à época de sua morte e que acredito que lhe fornecesse as drogas. Ele morreu um ano depois de Dallas, em conseqüência das próprias escolhas infelizes.

Allison afirmou: "Dallas gosta de passar o tempo perto de seu pai, Christine".

Ora, meu pai mora no Arkansas e havíamos acabado de passar com ele um fim de semana prolongado. Acho que ela esteve lá, conosco!

Allison também disse: "Ela está perto do tio favorito".

Meu irmão morreu 360 dias antes dela. Os dois eram como irmão e irmã, por isso, em meu íntimo, não tenho nenhuma dúvida de que estão juntos, desfrutando bons momentos. Sentei-me com Allison enquanto ela me fornecia informações que me confirmavam que minha filha passava bem e ainda era membro "ativo" de nossa família.

Allison também ajudou meu irmão Eric, já falecido, a se manifestar. Era a primeira vez que ela e eu nos encontrávamos e — puxa! — como ele se manifestou alto e em bom som. A primeira coisa que Allison disse foi: "Olhe, não me interprete mal. Ele está gargalhando e dizendo que é uma ameaça à sociedade".

Era típico de Eric! Depois de morto, ainda pude ouvi-lo gargalhar, como se estivesse bem a meu lado, por pelo menos duas semanas. Allison também mencionou um Ron "conectado" a Eric. Ron é o nome de nosso pai e também o de um dos amigos chegados de Eric.

Pude sentir Eric na sala conosco. Ele teve uma presença extraordinária em vida e, também, na vida após a morte!

Obrigada, Allison, por reconectar minha família.

Dallas

Em fevereiro de 2003, um canal de notícias me convidou a participar de uma consulta que seria gravada para exibição. O canal escolheria uma consulente, que se sentaria atrás de mim durante um experimento controlado. Julguei-me preparada para o desafio, por isso o aceitei. Em que pese qualquer pesquisa científica de que haja participado, os maiores incentivos a minha participação são sempre a consulente e a alma aliviada.

Quando cheguei ao canal de notícias, conheci um produtor chamado Jim, que me pareceu amistoso mas reservado. Puxou uma cadeira para mim e me empoleirei nela. Sentia um pouco de nervosismo e, para me acalmar, saquei de um dos melhores presentes que recebi em todos os tempos: meu iPod. Pus os fones nos ouvidos e tentei passar para um lugar de maior relaxamento na cabeça, me desligando do corre-corre das câmeras, dos espectadores etc. Quando o médium é muito distraído pelo ambiente, tende a perder algumas informações recebidas nas consultas. Estava de posse do grande bloco branco de papel em que rabiscava as informações que recebia antes da consulta, a respeito do consulente e das pessoas de quem quisesse saber notícias. Foi-me sinalizado que a consulente estava a postos atrás de mim, pronta para começar. Conforme eu passava pelas informações, fragmento por fragmento, fiquei tão concentrada em recebê-las que não me dei conta de que a consulente estava em prantos. Quando terminamos, levantei e me virei para abraçar a mulher, que vim a descobrir se chamar Christine. Ela se parecia muito com meus próprios amigos, e gostei dela de imediato, bem como de sua filha Dallas, que eu ajudara a se manifestar. Também ajudei seu irmão, que falecera não fazia muito e era divertidíssimo. A filha lamentava haver morrido tão cedo, mas estava mais preocupada com a mãe. Não voltaria a ver Christine por quase dois anos.

Depois de o segmento de notícias ir ao ar, o produtor perguntou se eu não poderia dar uma consulta a sua esposa, Wendy, como presente de Dia dos Namorados. Eu o atendi. Ela era uma jovem de longos cabelos castanhos, e seus grandes e amistosos olhos verdes eram como tapetes de boas-vindas. Era alta, esguia e vivia envolta num ar risonho. Ela se sentou, e dei uma consulta de uma hora; depois, acompanhei-a até a porta. Mal sabia eu que ela se tornaria uma de minhas amigas mais chegadas. Era ela que sugerira ao marido, produtor de TV, que convidasse Christine para consulente. Assim, após quase dois anos, enquanto eu redigia este capítulo, Wendy disse:

— Por que não convida Christine a partilhar a história dela?

— Ah, não quero incomodá-la.

— Allison, não é incômodo nenhum. É provável que ela goste de falar de Dallas.

Disso resultou o reencontro com Christine. Disse-lhe que estava cogitando dar a ela uma segunda consulta. Christine respondeu que recebera a informação de que precisava sobre Dallas na primeira vez em que nos encontramos e que eu não precisava me dar ao incômodo. Eu disse: "Que bom ouvir isso, mas Dallas apareceu a noite passada para conversar comigo, e tenho cinco páginas de anotações dela, se você quiser".

Assim, folheei as páginas com Christine, e foi ótimo ver que sua filha estava num lugar até melhor do que antes. Além disso, Dallas ainda mandava mensagens para tranqüilizar sua mãe e lembrá-la de que ela continua junto à família por amor, não por se sentir detida por alguma razão infeliz. O irmão falecido de Christine é um brincalhão convicto e chamou minha atenção com seu jeito de rir à toa. Apresentou-se a mim pilotando um jet ski num lago, acenando, sorrindo e — como diz ele — "aproveitando a vida". Dallas disse estar na companhia do maravilhoso avô de Christine e que "ele falecera cedo demais". Só um dos avôs de Christine havia morrido: de ataque cardíaco, ao lado da caminha dela, na faixa dos quarenta. Por isso foi tão bom para ela saber que a filha estava com o avô. Dallas ainda falou do fusca e disse que, se houvesse vivido mais, teria tido um. Christine achou isso comovente, pois ela mesma tivera um quando era mais jovem e costumava contar aos filhos sobre ele e todas as aventuras que vivera com ele. Disso resultou seu gosto pela brincadeira de "*slug bug*",[4] que costumava fazer com os filhos. Ao que parece, Dallas também estava dizendo que queria ser como Christine, que é o maior elogio que se pode fazer a uma mãe. São esses pequenos detalhes obscuros que exercem mais impacto numa consulta. Detalhes que não fazem nenhum sentido para outra pessoa representam tudo para quem está consternado. Tenho certeza absoluta de que voltarei a ter notícias de Dallas, e mal posso esperar por esse dia.

■ Tudo em família

Esta história é incomum por diversos motivos. Ela envolve a morte de um filho amado, nascido numa família de médiuns e sensitivos que se estende por pelo menos três gerações e, sem dúvida, muitas mais. É importante que as pessoas entendam como é "saber" que algo ruim acontecerá e não ser capaz de impedir. Acho que muita gente se identifica com o sentimento porque grande parte dos pais mantêm com os filhos uma conexão inata em muitos níveis. Do momento em que a criança nasce — e até antes, para alguns —, forma-se um vínculo indissolúvel. Gente que jamais admitiria haver previsto o que quer que fosse em suas vidas parece sentir quando os filhos estão em apuros. Portanto, quer você seja um médium sensiti-

---

4. Brincadeira em viagens de carro, em que os participantes golpeiam uns aos outros ao avistar um fusca. (N. da T.)

vo, quer só esteja intensamente conectado àqueles a quem ama, não será difícil se identificar com a perda de um filho, como a sofrida por Mark Ireland. Também podemos nos solidarizar com sua capacidade de se abraçar à alma do filho após a morte e admirar sua capacidade de fazer da dor de sua família o alívio de outras. Acho maravilhoso observar a perspectiva de um pai, e Mark foi gentil o bastante para partilhar a sua conosco.

Pais e filhos

Ocorreu-me que, provavelmente, meus antepassados não são nada parecidos com os da maioria dos que passam pela experiência de uma consulta com Allison. Vejam, papai era um proeminente médium sensitivo, o que me fez crescer convivendo em primeira mão com a ocorrência cotidiana de fenômenos de premonição. Dos anos 1950 até sua morte, em 1992, aconselhou celebridades como as atrizes Mae West e Amanda Blake, além de membros do alto escalão do governo, que depositavam total confiança em suas orientações. Apareceu em programas de TV, deu palestras e correu mundo fazendo demonstrações de suas habilidades. Era um pastor profundamente espiritual, também, que trabalhou com líderes religiosos de todas as crenças e aproveitou os dons para divulgar a mensagem: "Não há morte, nem mortos". Mas apesar de suas habilidades e feitos ilustres, hoje bem pouca gente reconhece o nome de Richard Ireland. Fazendo uma retrospectiva, acho que papai esteve à frente de seu tempo, como um tipo de desbravador, se preferirem.

Viver com alguém dotado desses dons é uma faca de dois gumes. Quando o pai sabe *tudo* que acontece, não se pode fazer muita coisa às ocultas. Por outro lado, a exibição cotidiana de seus dons fez com que eu reconhecesse cabalmente a realidade dos fenômenos sensitivos e da comunicação com os mortos. Era reconfortante saber que existe algo além desta breve existência física.

Quando me tornei adulto, suprimi quaisquer inclinações sensitivas pessoais e me concentrei num estilo de vida tradicional. Embora em muitas ocasiões percebesse sensações intuitivas, raras vezes dei crédito a elas. Assim, mesmo amando meu pai, optei deliberadamente por uma trilha diferente e mais estável, em vez de uma vida centrada na metafísica. Eu era prático, impulsivo e voltado para o trabalho e a família, pondo de lado parte de minha linhagem para me concentrar em minha própria vida. Após anos de trabalho árduo, pude desfrutar do sucesso, que me permitiu construir uma bela casa para minha família: uma esposa adorável e dois filhos maravilhosos, um no colégio e outro na faculdade. Em janeiro de 2004, contudo, minha confortável vida ordenada foi abalada em suas fundações.

Meu filho mais novo, Brandon, acabara de completar 18 anos de idade e estava entrando no segundo semestre do ano de conclusão no colégio. Afável e cordial, era invariavelmente atencioso com os outros. Alto e magro, tinha cabelos castanhos longos e cacheados, e seus olhos refletiam uma natureza amável e solícita. A linha pronunciada de sua mandíbula, a covinha em seu queixo e as rugas em sua testa eram uma cunhagem mais nova de minhas próprias feições.

Brandon se tornara bastante habilidoso no baixo depois de seis anos de aulas. Demonstrava forte aptidão para a Matemática, o que era um correlato de seus excepcionais dotes musicais. A habilidade na Matemática fez com que se interessasse pela Física, também, a ponto de querer estudá-la na faculdade, para a qual tinha planos definidos e reforçados pelas boas notas no SAT.[5] De comum acordo com os amigos, estava eufórico e pronto para embarcar em planos futuros.

Apesar de minha natureza pragmática, na manhã de 10 de janeiro de 2004, fui incomodado por vívidas premonições que me assaltaram como uma sensação de certeza, a sensação íntima de um

5. O Scholastic Assessment Test (Exame de Avaliação Escolar) avalia os candidatos a admissão nas faculdades dos EUA. (N. da T.)

desastre iminente. Brandon me pôs a par da intenção de tomar parte numa escalada muito difícil com os amigos, até o topo das Montanhas McDowell, próximas de nossa casa na cidade de Scottsdale, Arizona. Ele praticava escalada como um hobby regular e, naquela semana, já havia escalado três vezes.

Por causa de minhas fortes sensações, pedi a Brandon que ficasse em casa.

Em resposta, meu filho olhou para mim e disse: "Nós vamos, papai", como para transmitir a mensagem: "Pare de se preocupar".

Tive a sensação de que meu filho achou que eu estava só bancando o pai preocupado.

Assim, apesar de meus alertas, Brandon começou a caminhada em direção às montanhas com quatro amigos. Naquele dia em particular, fortes ventos ameaçadores empurraram poluentes do vale da Grande Phoenix[6] em direção ao local onde Brandon estava. O ar impuro tornou a escalada, já puxada, ainda mais exaustiva. Brandon sucumbiu a uma crise aguda de asma, do que resultou a redução nos níveis de oxigênio em sua corrente sanguínea. Fui informado depois de que meu filho repousou na tentativa de recuperar o fôlego e a capacidade respiratória. Também usou o inalador que lhe fora prescrito, na esperança de melhorar a respiração deteriorada. Infelizmente, essas providências foram inúteis, e seu estado piorou progressivamente.

É claro que Brandon tentou fazer o caminho de volta ao sopé da montanha com dois dos amigos (os outros dois foram mais à frente, em passo mais apertado), o que reduziu ainda mais o suprimento de oxigênio de que precisava para sustentar o coração e o cérebro. Ele ficou tonto e teve que descansar diversas vezes. Por fim, o declínio gradual nos níveis de oxigênio enfraqueceu o coração de Brandon. Em vista dos sintomas inéditos, que incluíam a aceleração dos bati-

---

6. Área que abrange, além da capital do Arizona, as cidades de Glendale, Mesa, Scottsdale e Tempe.

mentos cardíacos e a insensibilidade dos membros, nem Brandon nem seu amigo Stuart reconheceram em seu estado uma crise de asma. Embora ele fizesse uso do inalador para ver se ajudava, os dois achavam que havia outra coisa de errado, pois os sintomas não se pareciam com nada por que meu filho já houvesse passado. Soube, depois, que Brandon fez piada o tempo todo e jamais pareceu estar em pânico. Aparentemente, não foi capaz de reconhecer a gravidade da situação, o que veio a se revelar uma bênção disfarçada. Pouco antes de desfalecer, Brandon disse a Stuart que "estava tudo brilhando".

Essa afirmação evoca imagens de como o paraíso deve ter parecido a meu filho.

É desnecessário dizer que me recriminei repetidas vezes pela incapacidade de atentar para meu alerta intuitivo. Mesmo que, de início, achasse que poderia alterar o resultado, hoje acredito que era questão de destino. Quem sabe o objetivo do alerta não foi me preparar emocionalmente para o inevitável? O fato é que, mesmo que houvesse ordenado que Brandon ficasse em casa no sábado, ele poderia ter feito a escalada no domingo, com igual desfecho. Na verdade, acabei reconhecendo que não há utilidade nenhuma em ficar se culpando.

Meu amor por meu filho Brandon é tão grande que não pode ser descrito em palavras, e tive muita dificuldade em imaginar a vida sem ele. Depois que ele morreu, eu costumava me desfazer em lágrimas — e ainda faço isso às vezes. Não há como um pai estar preparado para a perda de um filho.

Após perder Brandon, lembrei-me de ensinamentos transmitidos por meu pai muitos anos antes, voltados ao amor de Deus e à continuidade da vida. Ele escreveu livros e documentou o próprio trabalho como sensitivo, deixando um valioso legado de material de treinamento. Meu interesse por esses escritos se renovou, e comecei a estudá-los cuidadosamente.

Lembrei, também, que a comunicação com os mortos estava a meu dispor. Imediatamente, liguei para meu tio Robert, médium sensitivo e pastor aposentado. Pedi: "Por favor, partilhe qualquer coisa que venha a receber ou sentir e que diga respeito a Brandon; qualquer informação que receber dele".

Aproximadamente às 14h de 12 de janeiro de 2004, domingo, estava no mortuário de Desert Hills, em Scottsdale, quando meu celular tocou. Ao perceber que a chamada era de meu tio, senti uma mistura de esperança e ansiedade. Depois, foi com grande expectativa que o ouvi passar a me dizer: "Tentei arduamente fazer contato na noite passada, mas não consegui. No entanto, hoje de manhã, seu pai veio a mim enquanto eu meditava. Disse que Brandon sofreu uma parada cardíaca em virtude da falta de oxigênio e que, embora sofrendo de falta de ar, não sentiu dor alguma. Quando deixou o corpo da primeira vez, Brandon se sentiu confuso, mas seu pai foi a seu encontro e o ajudou a se adaptar. (Às vezes, quando alguém morre, custa um pouco a se dar conta do que ocorreu.) Ele também tinha um recado para você e Susie. Quer que saibam que foram os melhores pais que ele poderia haver tido".

Para muitos, a afirmação pode parecer genérica, mas com os detalhes específicos que meu tio já havia fornecido, relativos a Brandon e a minha relação pessoal com ele, meu tio, eu não tinha razão para duvidar. Na verdade, vindo dele, essas informações tinham um significado ainda maior e eram algo que eu precisava ouvir. Num momento em que ainda estávamos abalados com a perda de Brandon, suas palavras proporcionaram um imenso conforto para minha família.

Quando falei com meu tio, as autoridades não haviam confirmado nada a respeito da causa da morte de Brandon. Não partilhavam nenhuma informação sobre a causa de que suspeitavam, nem se mostravam propensas a especulações. Cerca de uma semana depois de falar com meu tio, recebi a confirmação da descrição que ele fizera da causa da morte de Brandon. Quando conversei com a médica responsável pela necropsia, ela explicou que a morte fora atribuída a uma crise aguda de asma. No esforço de processar mais oxigênio, seus pulmões haviam se dilatado a ponto de quase se tocarem na área média. É evidente que essa condição só ocorre em casos de afogamento e asma aguda. A incapacidade de processar oxigênio acabou fazendo Brandon sucumbir a uma parada cardíaca; assim, a causa oficial da morte correspondeu à descrição feita por meu tio. Passar uma semana sem saber a *causa mortis* foi terrível; a garantia de meu tio de que se tratara de uma morte natural foi reconfortante, numa hora em que não havia mais ninguém para responder à pergunta: "Por que nosso filho morreu?".

À época, também me senti inspirado a começar a praticar meditação todo dia, na esperança de ampliar minhas capacidades perceptivas e me conectar com Brandon. Não esperava sequer chegar perto de desenvolver meus dotes no mesmo nível dos de meu pai, mas aspirava, sim, me tornar mais "conectado". Em conseqüência desse esforço, minha sensitividade foi até certo ponto intensificada.

Poucos dias depois da morte de Brandon, sentei-me para meditar em silêncio. Durante esse tempo, vi uma imagem de seu rosto, que parecia envolto em aconchego e satisfação. Não consigo descrever a sensação senão como a combinação simultânea de diferentes percepções sensoriais. Depois da visão do rosto, *vi* um símbolo em forma de cruz, com uma volta oval no alto. Uma vez que eu não estava familiarizado com essa imagem em particular, procurei na internet alguma informação. Como resultado da busca, descobri que era um *ankh*, antigo símbolo egípcio anterior à cruz da crucificação. A seção inferior, em cruz, representa a vida material, ao passo que a seção da volta oval, no alto, simboliza a vida eterna. Em última análise, acredito que a mensagem tenha sido um meio simbólico de confirmar que Brandon está mesmo vivo e bem.

Meu filho mais velho, Steven, também passou a meditar após a morte de Brandon. Mais ou menos uma semana depois de iniciada essa prática — duas semanas depois de o irmão morrer —, passou pela experiência de um sonho vívido, que creio ter sido uma experiência astral. Os sonhos astrais — em geral denominados "experiências fora do corpo" — são diferentes dos cotidianos. São experiências surpreendentemente lúcidas. Nos sonhos astrais, os sentidos se mostram aguçados ao extremo, e o ambiente à volta parece excepcionalmente real. Nesse estado, nosso corpo físico continua adormecido, enquanto nossa alma ou "corpo espiritual" (descrito pelo apóstolo Paulo no Novo Testamento)[7] viaja por outros reinos, dimensões ou "planos".

Enquanto dormia, Steven ouviu uma música emanando de nossa sala de estar. Caminhou nessa direção e viu Brandon tocando baixo — uma cena outrora comum em casa. Steven correu imediatamente em direção ao irmão, e o abraço que lhe deu pareceu tão real que chegou a *sentir* o tecido de sua camisa. Depois, perguntou: "Como é?", ao que Brandon respondeu: "De início foi muito estranho, mas agora a sensação é incrível". Então, disse a Steven: "Por que não vem me visitar com mais freqüência?".

Após o encontro com o irmão, enquanto ainda estava fisicamente adormecido, Steven se sentiu flutuando acima do próprio corpo e viu a hora no relógio do quarto. Ao acordar, abriu os olhos e constatou que a hora era exatamente a mesma que acabara de ver no "sonho", sem ajuda dos sentidos físicos. Ao que parece, graças à validação do relógio, ele pode reconhecer que a experiência por que passara com o irmão era bem real.

Minha esposa também percebeu uma conexão profunda. Uma hora em que estava sentada aos pés de nossa cama, de repente, Susie sentiu a presença muito forte de Brandon. Depois, durante trinta segundos pode vê-lo como um vulto, discernível na visão periférica. Tinha certeza absoluta de que era ele, podia senti-lo. Um dia depois, Susie recebeu o telefonema de um amigo músico, James Linton, que se sentia abalado e precisava desabafar. Antes mesmo de saber

7. *1 Coríntios* 15:44. (N. da T.)

da experiência por que ela passara, descreveu uma série de circunstâncias parecidas, em que sentiu a presença de outra pessoa enquanto gravava uma música no estúdio. Ele também enxergou um vulto na visão periférica, exatamente do mesmo modo como Susie.

Em fevereiro de 2004, fui procurado por um amigo de meu pai, que entrara em contato para prestar condolências e fazer uma sugestão providencial. Esse senhor, Jerry Conser, perguntou como eu estava passando e, depois, disse: "Mark, sei de uma excelente médium de Phoenix que pode ajudá-lo a entrar em contato com seu filho". Intrigado com as palavras, escutei com intenso sentimento de expectativa quando ele prosseguiu: "Seu nome é Allison DuBois". Fiquei estupefato com o comentário porque, um dia antes, assistira a uma matéria sobre ela.

Como resultado do telefonema de Jerry, entrei em contato com a secretária de Allison e marquei uma consulta. Ainda se passariam alguns meses antes que pudesse vê-la, pois a agenda estava lotada todo o restante do ano, mas a experiência valeu a espera. Ela forneceu evidências altamente convincentes de que tanto meu pai quanto meu filho ainda viviam, como comprovam os seguintes trechos da consulta:

A presença de Brandon se tornou imediatamente aparente às primeiras palavras de Allison: "Vejo um filho conectado a você. Não estou certa se ele morreu ou se o que vejo é um filho ainda por nascer". Uma vez que Allison não estava ciente de que eu tinha um filho do outro lado, esse começo me encorajou enormemente e me fez querer ainda mais.

Allison prosseguiu: "Seu pai está mencionando uma Susan conectada a você. Comenta que está junto dela. Você compreende?". Grandemente impressionado, respondi: "Ora, claro, é minha esposa!".

Depois, Allison forneceu uma das validações mais convincentes daquele dia, falando de um assunto guardado em absoluto sigilo: "Vejo-o assinando um livro e dando-o a você. Acredito que era um livro dele e que ele o está entregando a você. Você compreende isso?". Sem palavras com que descrever minha alegria, soltei um "Totalmente!".

Apenas uma semana antes, fora procurado por um amigo de meu pai, que me entregou um manuscrito inédito escrito por meu pai nos idos de 1973. Antes de receber o telefonema, ignorava por completo que esse livro, intitulado *ESP development course (Curso de desenvolvimento da percepção extra-sensorial)*, sequer existisse. Ao que parece, pouco antes de morrer, meu pai pedira a esse amigo que guardasse o livro por proteção. Agora, por uma razão inexplicável, *doze anos depois*, essa pessoa se sentiu subitamente compelida a partilhá-lo comigo. Comecei a achar que era coincidência demais para ser só coincidência.

Allison enveredou num novo rumo que chamou minha atenção de imediato: "Seu pai diz que 'está com o garoto'. Seu filho está com seu pai, e ele diz que 'é assim que tem que ser'". Essa afirmação me fez recordar a descrição, feita por meu tio, do modo como meu pai cumprimentou Brandon à época em que morreu. A validação foi ainda mais significativa porque sabia que Allison não estava ciente de que eu havia perdido um filho. (Antes da consulta, certifiquei-me de que Jerry Conser não havia falado com ela.)

Passando a partilhar informações de meu filho, Allison disse: "Estou sendo informada de que 25 anos são importantes para você e sua esposa. Vocês completaram 25 anos de casados?". Agradavelmente surpreso, respondi: "Sim, o aniversário foi em 13 de junho." Depois, Allison falou: "Feliz aniversário. São essas coisas que importam para eles, depois que morrem: os momentos felizes". Essa validação maravilhosa me deixou impressionado, pois aludia a um evento marcante ocorrido fazia menos de dois meses.

Então, lancei-me numa procura determinada atrás dos melhores médiuns de todo o país e da Europa, numa busca pessoal pelas respostas a algumas perguntas bastante profundas. No decorrer das consultas com todos esses médiuns, fiquei atônito com as informações específicas, precisas, que me foram fornecidas. Ainda mais convincente foi a consistência das mensagens que começaram a se amontoar e formar uma espécie de mosaico.

Também achei terapêutico conversar a respeito de Brandon com os outros e me permitir chorar sempre que o sentimento aflorava. Eu, minha esposa e meu filho gostamos da companhia de pessoas que conheceram e amaram Brandon e que não se acanham em conversar sobre ele, partilhando lembranças especiais. É possível que você conheça pessoas que se acanhem em discutir assuntos relacionados aos entes queridos falecidos. O que essa gente não entende é que, se queremos conversar sobre nossas mães, nossos pais, nossos filhos e nossas filhas que passaram para o outro lado, é porque isso ajuda a nos sentir conectados a eles e mantém viva sua memória. Se encontrarem pessoas envergonhadas de mencionar os que morreram, dêem permissão para que falem abertamente, fazendo-as saber que desejam partilhar as histórias de seus entes queridos. Em última análise, não existe uma abordagem "tamanho único" no que respeita ao processo de cura, mas espero que minha história ajude outras pessoas que estejam enfrentando uma perda.

■ A conexão com Brandon

Lembro-me do dia em que conheci Mark. Era um homem de boa aparência, com um cabelo que mal começava a encanecer de modo bastante distinto. Era um pouco ansioso e bastante objetivo. Convidei-o a se sentar em meu escritório e expliquei que, se me visse rabiscar num bloco de papéis, tratava-se de meu protocolo durante as consultas. Pôr as informações no papel me ajuda a me concentrar e "processar" a energia que ajudo a se manifestar, que é o falecido. Ele parecia bastante agradável. Lembrava um pouco os engenheiros com quem meu marido trabalhava, por isso sabia que era muito inteligente e um pouco arredio.

Comecei a consulta fazendo uma conexão "filial". Perguntei se tinha um filho falecido. Não conseguia discernir se o filho havia falecido ou ainda estava por vir. Ele disse que sim, que o filho morrera. Lembro uma sensação de afogamento, de peso nos pulmões. Senti uma ânsia no filho. O problema era que Mark tinha outro filho ainda vivo, por isso quis ser meticulosa. Disse: "Se seu filho falecido não tinha asma, nem morreu com uma sensação de água nos pulmões, fique de olho no filho vivo". Mark, então, disse que o filho morto sofria de asma e que, de fato, o legista dissera que a sensação seria a de ter água nos pulmões, embora morrendo no deserto. Também lembro muito bem que o pai de Mark fez uma aparição, dizendo estar com o neto, "como tinha que ser". Fiquei muito contente quando o falecido pai de Mark mencionou o nome "Susan" e disse ser amigo e estar conectado a ela. Mark disse que era o nome de sua esposa e que se sentia feliz por saber que o pai era grato a ela. Senti-me comovida pelo amor de Mark pelo filho. Trata-se de um pai maravilhoso, e não tenho dúvidas de que seu filho e seu pai estarão esperando quando for a hora de se unir a eles. Desde então, conheci Susan e seu filho Steven. A família é de uma coesão ímpar, não só espiritualmente saudável, como também muito divertida. Jamais esquecerei essa consulta porque ajudei a se manifestar meu primeiro médium sensitivo profissional. Era muito fácil entendê-lo e retransmitir suas mensagens. Acredito que as pessoas de mente mais aberta e mais espiritualizadas devem estar no caminho certo porque, sem dúvida, são as mais agradáveis na morte.

Quando convidei Mark a contribuir para este capítulo com sua história, solicitei que incluísse um conselho para quem segue o mesmo caminho. (Pedi o mesmo a todos os pais deste capítulo; suas respostas são de uma ajuda inestimável.) Mark não apenas "pegou a idéia", como também seu depoimento é eloqüente e sincero: "Aqueles que vocês perderam não morreram, e vocês jamais estarão sós".

Filhos perdidos

Enquanto escrevia este capítulo, procurei ser meticulosa e cobrir diversos pais e suas respectivas experiências, bem como as minhas próprias. Também sei que alguns filhos morrem nas mãos dos outros. Trata-se de um tipo diferente de dor, em geral porque os pais têm um rosto que representa a pessoa que tirou a vida de seu filho. Às vezes eles não o têm, e passam um tempo considerável avaliando os outros, se perguntando se o rosto que vêem é o da pessoa que tirou injustamente a vida de seu filho.

Em 2005, vi-me diante de uma das experiências mais recompensadoras e, contudo, mais angustiantes com que jamais me defrontara. Fui convidada a fazer palestra num grupo de apoio ao luto. Nunca hesitei em aceitar o convite e me senti honrada em ser convidada. Também tinha plena ciência de que a tarefa não seria fácil e de que seria um desafio me recuperar dela. Quando chegou a noite em que deveria falar na reunião, sabia que encontraria muita gente maravilhosa, tanto entre os vivos quanto entre os mortos.

Quando Joe e eu chegamos ao estacionamento atrás do prédio onde ocorria a reunião do grupo, tive dificuldade de me recompor para encarar a natureza avassaladora do recinto repleto de mortes traumáticas a minha espera. Antes, já havia "dado consulta" a pessoas com filhos que haviam sido assassinados, mas dessa vez a proporção seria muito maior, com um claro enfoque nos assassinatos. Não queria parecer abalada ao entrar. Estava lá para confortar os pais. Lembrei a mim mesma que qualquer empatia que sentisse por eles nem chegaria perto daquilo por que haviam passado. Assim, respirei fundo e atravessei o vão de entrada.

Eu perguntava a mim mesma: se perdesse um filho desse modo, que palavras poderiam me trazer algum conforto?

Meu objetivo ao comparecer à reunião era acomodar os presentes num lugar melhor, do ponto de vista energético, do que o da primeira vez em que atravessaram o vão de entrada.

Vi-me numa sala onde havia diversos corações sofridos. Pude ver e sentir as crianças cujas vidas haviam sido abreviadas. Sentamo-nos num grande círculo e, atrás dos pais e parentes das vítimas de assassinato, postaram-se os vultos dos falecidos. Alguns repousavam as mãos nos ombros dos pais; alguns se limitavam a sorrir para os que haviam ido a seu encontro. Estavam todos lá, prontos para se manifestar e ter suas palavras ouvidas pelos pais. Havia filhos que já eram adultos à época da morte e que, nem por isso, deixavam de ser filhos de alguém. Havia meninos e meninas de todas as idades que sabiam que eu podia vê-los. (Desconfio que vão lá toda semana para confortar os pais.) Havia filhos de todas as cores de pele e estaturas, filhos que haviam morrido por ferimento a bala, que haviam morrido em combate corpo-a-corpo depois de ser atacados, que haviam morrido de muitos modos terríveis nas mãos dos outros.

Recebi um ursinho branco de pano, com asas de anjo, confeccionado especialmente para o grupo de apoio. Agarrei-me a ele para me consolar e manter a concentração. Examinei os rostos dos presentes, na esperança de poder, de algum modo, aliviar uma pequena parte de suas dores. Naquela sala cheia de gente que perdera os filhos do modo mais doloroso, pensei: "É por isso que faço o que faço!".

Pedi aos que haviam morrido a gentileza de se manifestar "alto e em bom som", pois teria só alguns minutos para cada pessoa viva. Tenho que dizer aos falecidos exatamente o que preciso que façam, de modo que possam se servir de mim. Comecei partilhando que, às vezes, os parentes gostam de se manifestar para os irmãos e irmãs por meio das músicas que tocam no rádio, ou dizem que, na morte, transmitiram a coleção de discos para um parente. É um dos modos como fazem os vivos saber que ainda estão com eles. "Sua música" pode tocar no lugar mais obscuro; outras vezes, em todo lugar aonde se vá. Partilhei com o grupo que pessoas que gostavam de falar ao telefone em vida tendem a estar por trás das chamadas em que, quando atendemos, só há silêncio do outro lado da linha. É o modo como dizem que ainda estão fazendo contato. Muitos presentes admitiram haver passado por experiências em que "sabiam" que era seu filho dizendo: "Ainda estou aqui".

Passei parte da noite tentando explicar aos pais como alguém pode alvejar e matar um filho. Tive que responder à pergunta: "Por que Deus permite que uma criança morra?". Um menino falecido fora morto pelo próprio pai. "Por quê?" é uma pergunta imensa. Até onde sei, é porque, sem perdas, não valorizamos o que temos. A morte prematura causa uma torrente de emoções que inspiram os demais a abraçar mais os filhos; outros, a lutar por leis mais rígidas, que possam, por sua vez, impedir a morte de muitas outras. Na dor, sempre há uma reação adversa que cria uma consciência mais forte.

Somos seres humanos e sensíveis; às vezes, fechamo-nos em nós mesmos e esquecemos por que estamos aqui, para começo de conversa. Estamos aqui para facilitar as coisas para outro alguém, para aprender o que importa na vida, para ver e viver o amor. Com o amor, vem a perda; mas ela é temporária, e o amor permanece para a vida toda. Nem sempre isso serve de consolo para quem sofre, mas é algo em que se pensar. O sofrimento faz com que as pessoas se juntem na busca pela volta da felicidade. O sofrimento desenvolve a consciência, e os relacionamentos se transformam.

Após uma noite comovente com o grupo, senti-me ao mesmo tempo arrasada e renovada. Quando saí do encontro, havia travado conhecimento com um grupo de pessoas maravilhosas, tanto vivas quanto falecidas. Olhei fundo nos olhos de gente obrigada a se recuperar rapidamente, sem qualquer opção, nesse particular. Estudei seus rostos, dos quais sempre me lembrarei, e senti de bom grado sua dor. Eu não seria uma daquelas que se afastam desse tipo de gente, mas uma das que as abraçam, mesmo que isso signifique partilhar de sua dor. Às vezes, é preciso sentir a dor do outro para ajudálo a se livrar de parte dela. Os participantes me deram abraços de despedida e saíram da sala com sorrisos nos lábios. Não resolvi todos os problemas, mas decerto contribuí para iluminar os rostos de seus filhos, de modo que fossem vistos naquela noite especial.

Na reunião, fui questionada — como costuma ocorrer — sobre "sonhos" em que aparecem as pessoas que amamos. Expliquei que um sonho é como ser capaz de voar ou de cruzar os céus pilotando um carro de corrida. Quando alguém que morreu aparece nos sonhos, é uma visita. É o modo como aquela pessoa nos diz que ainda está conosco e ainda faz parte de nossa vida. As pessoas com quem conversei e que já passaram por essa experiência conhecem essa sensação e o quanto uma visita em sonhos é inconfundível. É possível perceber a diferença no coração, porque ele fica menos angustiado. Os mortos só querem que reconheçamos que sabemos que ainda estão aqui. Se sentir tensão ou irritação da parte do espírito, é por essa razão. Uma vez que isso seja reconhecido, eles relaxam, e você já não sentirá tamanha sensação de ansiedade.

Além disso, por favor, não esqueça que, quando se perde alguém que se ama, essa pessoa continua a partilhar de seu cotidiano. Ainda sentará na poltrona predileta. Ainda conversará com você. A personalidade dela determinará consideravelmente os sinais que escolherá enviar. Você quer passar os dias partilhando seus sofrimentos e suas dores? Acho que ela prefere partilhar dos momentos felizes. É claro que haverá dias ruins de vez em quando, mas, se você se esforçar para partilhar um dia bom com os que morreram, eles haverão de participar de sua alegria. Nada os deixa mais felizes. Converse e ria com eles. Estude cuidadosamente seus retratos e verá que um sobressairá. É o modo como informam qual é sua aparência agora. Ame aqueles que você ama o suficiente para viver por eles.

Seus entes queridos não querem que você sofra pelo resto da vida, prestando homenagem com suas lágrimas. Eles se sentam junto a você quando você chora, e, quanto mais sofridamente você chorar, mais alto soará. Mas se você os afogar com seus soluços, como eles se farão ouvir? Permita que a paz entre em seu coração, respire fundo e peça que lhe façam saber que estão com você. Eles acharão um modo. Eles querem continuar a partilhar de sua vida e das memórias que está criando. Permitir-se viver a vida plenamente, é o que faz com que eles continuem vivos.

Como muitos de vocês sabem, meu pai morreu em 2002. Às vezes, para me sentir próxima a ele, como um cheesebúrguer enorme ou vou ao cinema. Por quê? Porque sanduíches e filmes são duas coisas que desfrutávamos juntos quando eu era pequena. Quanto mais conexões você fizer com os que morreram, mais fortemente sentirá sua presença. Se você estender sua energia para eles e abraçando-se, em sua vida, à presença deles, perceberá que algumas das dores que carrega passarão e serão substituídas pelo amor que seus entes queridos ainda têm por você.

As visitas são um presente e tanto da pessoa que morreu. Quando uma criança falece, seus entes queridos vivem o sofrimento de diversos modos. Em geral, a mãe se sente despedaçada por dentro e, agrilhoada pelo sofrimento, não consegue seguir em frente. Há um nó na garganta, que aparece no dia em que ela perde o filho e nunca mais a deixa. Muitas vezes, ela é incapaz de falar sem chorar. Lembra-se de segurar o filho no colo e de preparar seu sanduíche predileto quando ele era pequeno. (As crianças geralmente se apegam a essas predileções, não importa o quanto cresçam, porque sua mãe preparava e isso as fazia se sentir amadas.)

As pessoas enlutadas por um ente querido se sentem culpadas de ter um bom dia, o que se converte numa situação em que todos perdem. É importante, saudável e necessário reaprender a viver depois de qualquer grande perda. Os pais que perderam os filhos têm que seguir em frente pelo bem dos demais familiares. É fácil os parentes e demais membros da família do falecido voltarem a atenção só para a criança que morreu; os vivos podem sentir que não são vistos nem ouvidos. Os mortos não querem que suas mortes tirem a atenção dos que estão vivos. Os pais precisam saber que os filhos querem que papai e mamãe sejam felizes e querem partilhar com eles os dias bons — mas também partilharão os ruins, se não houver outra coisa. As mães deram à luz seus filhos e são desafiadas a se permitir seguir em frente e saber que eles continuam com elas. É mais fácil dizer do que fazer; não se trata, de modo algum, de uma tarefa simples. Mas é importante que aqueles que estão de luto por uma perda façam um esforço para se recuperar da dor, para seu próprio bem-estar. As mães ou quem quer que tenha perdido alguém que ama têm que encontrar um novo modo de amar essa pessoa, uma vez que abraços e beijos não são mais uma opção. Conversem com os que morreram, comam a comida predileta deles ou procurem uma fotografia em que vocês apareçam e os ajude a partilhar do amor deles. Lembrem que eles ainda podem ouvi-los e tocá-los, a questão é aprender como voltar a contatá-los. Vocês estão tentando alcançar uns aos outros. Eles tentam entrar em contato com vocês desde o dia em que morreram. Também é essencial que os pais que perderam filhos procurem outros pais que compreendam o sofrimento. Poucas coisas serão tão reconfortantes quanto entrar em contato com gente que sabe onde o sapato aperta. Outras entendem como é recolher os pedaços de um coração partido. Portanto, por favor, procure esses vínculos de compreensão.

Em minhas consultas, tenho reparado que os pais tendem a se afastar emocionalmente dos outros e guardar a dor dentro de si. Sei disso porque a criança que morreu costuma contar essas coisas, para que eu retransmita ao cliente. Ao que parece, os pais se sentem como que obrigados a ser capazes de consertar qualquer coisa, e acabam tendo que encarar o fato de não poder "consertar" ou salvar o filho. Acho que muitos concordarão que, ainda em tenra idade, os machos são ensinados a guardar os sentimentos dentro de si. Mas estes são avassaladores quando se trata da perda de um ente querido, que pode sentir a dor e querer que você se livre dela. Não é saudável se apegar ao sofrimento. Às vezes, tudo de que se precisa para se livrar dele é uma pessoa compreensiva com quem conversar, que o ouça e não o julgue.

Os pais se ferem tanto quanto as mães, mas às vezes não são providos do mesmo sistema de defesa. Portanto, se você conhece um homem que perdeu um filho, faça um esforço a mais para lhe estender a mão. Ofereça um ombro onde chorar e ouvidos para ouvir tudo aquilo que um pai sofredor tenha a dizer.

Já vi gente se afastar, quando alguém morre, por não saber o que dizer ou fazer por quem está de luto, por não saber como agir corretamente. Muito embora dar apoio a alguém que esteja ferido não seja uma coisa fácil de se fazer, é a coisa certa a se fazer. Afastar-se das pessoas quando mais precisam de alguém é como chutá-las quando estão no chão. Portanto, tenha em mente o modo como suas ações, boas ou más, afetarão os outros. A pessoa enlutada jamais esquecerá sua gentileza e jamais precisará tanto dela quanto depois de uma perda tão grande.

Há maneiras simples de estender a mão e lembrar aos enlutados que vocês se importam: levem o jantar para sua família, ajudem na faxina da casa, enviem um cartão de congratulações ou telefonem uma vez por semana para saber como estão indo. Qualquer esforço significará tudo para eles. Tentem se mostrar sensíveis a suas necessidades. Em vez de perguntar se estão passando bem — o que é improvável —, perguntem se estão se sentindo "razoáveis". É provável que, por um bom tempo, isso seja o melhor que consigam. Eles não precisam ouvir: "Sejam fortes!". Se não for possível se deixar abater depois da perda de um ente querido, quando será? Deixar-se abater é o que deve ocorrer para que a pessoa se recomponha numa nova forma.

Pessoas que sofrem uma perda muito grande jamais voltam a ser exatamente como eram antes do falecimento do ente querido — do mesmo modo como os falecidos não são exatamente como eram antes da morte. Mas querem saber uma coisa? Assim como vocês têm que aprender como amar os que se foram de um modo diferente, também eles têm que aprender como voltar a entrar em contato com vocês. Lembrem que seus entes queridos estão melhores do que nunca, e continuam aqui para vê-los voltarem a se sentir inteiros. Ficam para amá-los e mostrar o quanto estão ótimos agora. Maravilham-se com aquilo em que vocês se transformarão com o crescimento e as mudanças. Façam com que cada dia valha a pena, criando momentos mágicos e histórias para partilhar com os que se foram.

Quando meu pai morreu, fiquei emocional e fisicamente arrasada. Não queria dormir porque todo dia que passava era um dia que me deixava mais longe do último dia de sua vida, e isso doía. O que acabei percebendo é que todo dia que me leva adiante me leva um dia mais perto do instante em que eu e meu pai nos reuniremos energeticamente. Ele me conduzirá através do fino véu que separa os vivos dos que vivem de novo.

CAPÍTULO 2

LONGE DOS OLHOS, MAS NÃO AUSENTE

O desejo de uma conexão íntima com outra pessoa é universal. Contudo, a conexão entre duas pessoas é absolutamente singular. Quando se apaixonam e decidem construir uma vida juntas, casar, comprar uma casa e ter filhos, acabam desenvolvendo uma sintonia. São capazes de se comunicar com poucas palavras, prever as necessidades mútuas, às vezes conseguem até ler os pensamentos uma da outra. Isso pode servir de auxílio nos períodos atribulados da vida, quando nos atolamos em coisas como quem lava a roupa ou quem tira a mesa.

Nas consultas, vejo que, em geral, os vivos acabam sentindo saudades daquilo de que mais costumavam reclamar nos parceiros. Sentem saudades de quando metiam os pés frios sob seus corpos para se aquecer na cama. Às vezes, o homem sente saudades da habilidade da mulher para acalmá-lo com palavras e fazê-lo abaixar a guarda com um singelo sorriso de "Eu te amo". São algumas dessas coisas que parecem universais. No entanto, nas consultas, ocorrem coisas absolutamente peculiares, como um falecido se manifestar e mostrar dez meninos e três meninas, retransmitindo que o casal tem treze filhos. Outro marido pode se manifestar e dizer que a mulher faz as melhores panquecas de vacínio com raspas de chocolate do mundo! Ora, acho isso em si bastante peculiar, mas é universal as pessoas se manifestarem, nomearem seus pratos prediletos e dizerem que se sentiam amadas quando eram feitos para elas.

Na vida, sabemos a rotina dos parceiros: por exemplo, que a mulher fica indócil de manhã sem o café e que é melhor não dizer nada enquanto ela não o tiver tomado; ou que, quando fica resfriado, um marido se transforma numa criança de 2 anos de idade e pede colo. Ou talvez você saiba que não deve entregar o talão de cheques à parceira, que dobrará os pagamentos de modo que liquide o saldo mais rápido, achando que está fazendo um bom negócio mas acabando por zerar a conta bancária. A gente beija, faz bico, pede desculpas e ri de como os anos passam rápido. Os exemplos são uma gota no balde, comparado ao oceano de memórias e familiaridades que vivemos todos os dias com quem amamos. Tento lembrar as lições que aprendi com aqueles que morreram e com os vivos em que deixaram saudades. Quando Joe me dá nos nervos, respiro fundo e agradeço a Deus pelos momentos que passei com ele e por minhas filhas extraordinárias. Às vezes, fico olhando Joe e as meninas, memorizando cada detalhe de seus rostos, e meu coração se enche de gratidão. Às vezes, tenho a impressão de que ele explodirá de tanto que os amo. É difícil para mim imaginar que haja um coração resistente o bastante para conter o amor que minha família me dá todo dia e o que tenho em abundância para lhes dar. É tremendamente apertado aqui dentro, por isso Deus nos deu corações feitos para se expandir.

Quando um grande amor se vai, o efeito é devastador. Não há como substituir o amor de sua vida e seu melhor amigo. Já é difícil o bastante se apaixonar e confiar em alguém com o mais profundo dos sentimentos. Manter a pessoa dentro do coração, num lugar que seja sagrado, é se fazer vulnerável. Sujeitamo-nos ao risco de nos magoar porque não somos capazes de imaginar um ponto final para o amor que sentimos. Na verdade, não há ponto final para esse amor. Mesmo quando perdemos fisicamente a pessoa que amamos, ela se torna uma parte de nós, assim como nós somos uma parte dela. A perda do parceiro ou de alguém a quem amamos romanticamente é excepcionalmente dolorosa. Sinto que a canção *The way we were* ("Do jeito que a gente era"), cantada por Barbra Streisand, é a descrição eloqüente do que pode ser — e em geral é — a perda de um amor. Acho a música bastante comovente e, de certo modo, obsedante. A letra fala de "retratos espalhados" e de todas as lembranças felizes de antes de a vida mudar. Embora pareça mais o retrato da perda decorrente de uma separação ou divórcio, dá para ver como as palavras podem se aplicar à morte de um ser amado. Sei por experiência própria, tanto pela perda de meu pai quanto pelo que vejo através dos olhos dos falecidos, que ter retratos espalhados à volta de quem está sofrendo é coisa bastante real, que acontece todo dia.

Muita gente que ajudei a se manifestar era e é o amor da vida de alguém, e posso garantir que seguir em frente não precisa ser sinônimo de deixar para lá. Os que morreram continuam se sentando à mesa da cozinha e, às vezes, se sentando com os parceiros e os tocando na hora de dormir, seja por meio dos sonhos ou continuando a se deitar na cama a seu lado. Como essa era sua rotina enquanto estavam vivos, não é incomum que continuem a fazê-lo mesmo depois de mortos. Fazem-no por amor e pelo consolo que sentem que ainda podem proporcionar aos vivos. Por outro lado, os vivos também proporcionam consolo aos que já morreram quando mencionam seus nomes, conversam diretamente com eles, vêem seus retratos e os incluem em suas vidas. Os falecidos não choram, exatamente, mas já senti seus corações sofrerem pelos vivos a quem tentam contatar. Dói-lhes verem-nos chorar, por isso se esforçam tanto para se comunicar com vocês através dos outros, de sinais ou dos sonhos, até que vocês reconheçam sua presença em palavras ou só de pensar neles — o "Eu sei que você está aí", que ressoa em suas cabeças ou em seus corações.

Acredito que os falecidos confortem os vivos de muitos modos. Em geral, aparecem a seus amados em sonhos para dizer que estão bem. Fazem-nos "sentir" sua presença. Simplesmente estão nos lembrando de que não estamos sós, que eles não partiram. Eles enviam canções para se comunicar conosco; já falei com pessoas inteiramente cônscias de quando elas são "dedicadas" por alguém do outro lado. Os falecidos nos enviam todo tipo de sinal de que continuam conosco. Tem quem sinta o cheiro do perfume que a mãe costumava usar ou o do charuto que o avô costumava fumar. Outros vêem esferas de luz, inequivocamente de outro mundo, aparecer nas fotografias. Os falecidos fazem brinquedos funcionar sem pilhas para dizer que estão junto das crianças. Eles se comunicam através das crianças, a quem faltam as inibições dos adultos. Minha filha caçula diz: "Vovô não foi embora, mamãe, eu vejo ele no quarto. Ele conversa comigo". Você sabe o que quero dizer. O empenho deles em se comunicar às vezes é tamanho que chegam a tentar diferentes formas de contato até serem ouvidos. Cuidado para suas mentes e corações não se tornarem inflexíveis e vocês deixarem passar os sinais enviados. Eles serão claros e, se vocês mantiverem abertos as mentes e corações, constatarão a presença do ser amado.

Quando sua história de amor parecer ter um fim, em conseqüência de uma morte, por favor, lembre que as histórias de amor jamais têm fim. É o que as torna tão especiais. Existem inúmeros modos de nos conectar e nos comunicar com nossos amados, tanto na vida quanto na morte. Lembre que "até que a morte os separe" não vale para a vida após a morte. As pessoas voltam a se unir e ser uma só, e sempre estão onde mais querem estar.

Só para constar, grande número de pessoas que morrem deseja que o ser amado seja feliz e, se isso envolve voltar a se casar, não vê mal nenhum nisso. Não se minimiza o amor que se sente pela pessoa que morreu quando se ama outro alguém por razões diferentes. Os falecidos não puxam uma cadeira e ficam observando seu contato físico com outra pessoa. Estão aqui num nível emocional, para ajudar quando precisarem e aconselhar quando puderem ouvir, pois sabem dos perigos que os aguardam. Aqueles que morreram têm uma visão ampla.

As pessoas costumam se perguntar qual dos homens ou mulheres que amaram em vida estará em sua companhia depois que todos houverem morrido. É uma preocupação válida, mas não é preciso se preocupar, nem se sentir culpado. Digo isso porque, quando se morre, a energia parece se basear na emoção. Vocês estarão onde seu coração quiser verdadeiramente residir. Se isso significa estar junto de mais de uma pessoa, assim será. Não é o comum, mas já tive alguns exemplos disso. Uma vez, um rapaz se manifestou com três esposas que haviam falecido antes dele. Ele parecia feliz, não consigo imaginar como. É brincadeira. Se uma pessoa morre jovem, mesmo que o parceiro vivo volte a se casar e more anos com outra pessoa, em geral, ele prefere estar com aquela primeira pessoa. Lembre que a escolha se baseia em energia emocional, não na razão. No primeiro casal, há uma tendência a deixar assuntos por resolver. Em geral, a aparência deles é exatamente a mesma da época da morte do parceiro jovem. Mesmo que o marido chegue aos 95 anos de idade, voltará aos 21 anos se essa era sua idade quando a morte os separou. Podem acreditar, o grau de regozijo que observo nos rostos desses espíritos é mágica pura. Isso não significa que a segunda mulher, de um período posterior da vida, seja deixada ao relento após a morte. O marido pode optar por ficar com ela, dependendo de onde *sinta* que precisa estar.

Quando não há mais ninguém no mundo dos vivos por quem nutram afeição, os mortos têm muito pouco incentivo para contatar os vivos. Se havia uma casa, bar, igreja ou outro lugar onde passassem muito tempo, eventualmente poderão continuar por lá atrás de consolo. Para eles, não é o dia de hoje, mas qualquer ano em que hajam se sentido felizes em contato com o edifício. Às vezes, essa presença é chamada "assombração". Em geral, não estão lá para machucar ninguém, mas porque gostam de estar onde vocês também podem querer estar. Quando este nosso mundo não apresenta interesse de nenhuma espécie para os espíritos, eles retornam para seus próprios paraísos e "vivem" com os seres amados que também já estão mortos.

Contudo, creio que, às vezes, os espíritos aparecem aqui, de volta, quando precisam intervir para salvar a vida de uma pessoa ou ajudá-la a se ajustar àquilo que se espera que seja, tentando conduzi-la pelo caminho certo. Em geral, trata-se de alguém que os faz lembrar de si mesmos e a quem desejam impedir que siga o caminho errado — muitas vezes, o que eles próprios trilharam.

Música para meus ouvidos

Ouvi falar em Allison DuBois em março de 2004. Lendo as notícias na internet, deparei com uma menção ao "Michael Jordan" dos médiuns. Ela participara de experimentos numa universidade do Arizona, e o artigo dizia que se comunicava com pessoas mortas. Perdi meu querido esposo, Bill, em 11 de setembro de 2001, no World Trade Center. Estava no centésimo andar da Torre Norte, o primeiro prédio a ser atacado. Não tive notícias dele, e as exatas circunstâncias de sua morte se perderam para sempre. Morrer lá foi horrível, mas soube que algumas mortes foram piores do que outras. Teve gente que foi queimada viva. Muitas se atiraram para a morte tentando escapar das chamas e do calor excessivo. É claro que minha imaginação inventou algumas cenas para lá de medonhas, mas, quando li a respeito de Allison e das tentativas dos cientistas de validar seu dom, imaginei que era a única oportunidade que teria de satisfazer minha necessidade de saber o que acontecera a Bill.

A consulta foi no final de agosto de 2004. Eu estava nervosíssima. Não queria que vazasse nenhuma pista, não queria fornecer nenhuma informação. Queria que tudo viesse de Bill. Allison explicou que me daria toda informação que recebesse porque não queria deixar de fora nada que fosse importante. No decorrer da consulta, ela perguntou se eu queria resposta a alguma pergunta específica. Respondi que queria saber as circunstâncias da morte de meu marido.

Imediatamente ela disse que ele estava num prédio em chamas. Estava com outras pessoas e tinha muito medo de morrer, porque amava muito a vida. Ela disse que ele olhava uma fotografia de nossa família antes de morrer. Bill só estava no World Trade Center para uma reunião de dois dias, não tinha um escritório lá. A foto era a que sempre levava na carteira. Ela disse que o teto desmoronou e ele "se foi" instantaneamente. Depois, perguntou: "Como você não sabe como seu marido morreu?".

Quando revelei sua localização, Allison foi pega de surpresa. Uma vez que Bill estava dentro do prédio, ela não podia ver o lado de fora. Não tinha a menor idéia de que ele estava no WTC. As informações relativas às demais circunstâncias foram discutidas, como as evocadas sobre nossos filhos, amigos e familiares. Ele também mencionou pessoas falecidas ligadas a nós, junto às quais passa o tempo, agora.

Quando a consulta estava quase acabando, Allison disse: "A propósito, Bill diz que, quando for sua hora de partir, 'Sairemos para dançar... *e será um encontro!*'". Antes da morte de Bill, nosso centro comunitário de artes costumava oferecer aulas de dança de salão. Ele não era muito bom dançarino, mas me encorajou a nos matricular. Perdi o prazo e, quando saiu a programação para o inverno de 2001, ele me lembrou de nos matricular. Prometi que faria. Uma semana depois, veio o 11 de Setembro. Desde sua morte, falava com ele o tempo todo. Terminava nossas conversas dizendo: "E quando eu passar para o outro lado, sairemos para dançar!".

O que Allison partilhou comigo naquele dia afugentou uma paralisia causada pelo sofrimento e que apertava meu coração. Aproximei-me dela de coração e mente abertos. Minha crença numa vida depois desta já fazia parte de mim, mas com base exclusivamente na fé cega. A consulta me proporcionou uma confirmação e um vínculo com minha metade melhor — coisas de que precisava desesperadamente.

Segundo aniversário do 11 de Setembro:

Decidi ficar sozinha em casa nesse dia e encarar minha tristeza reservadamente. Não gosto de ficar sofrendo o tempo todo porque o escoamento de energia é enorme, mas me permito fazê-lo nas ocasiões apropriadas, e 11 de setembro sempre é um dia apropriado. Depois de assistir a diversas cerimônias pela TV, decidi lavar algumas roupas. Vasculhei os bolsos de algumas calças, encontrei alguns trocados e os pus na bancada da cozinha. Mais tarde, voltei para me livrar das moedas. Quando baixei os olhos, reparei numa velha *wheat penny*.[1] Fiquei emocionada, pois toda vez que meu marido via uma, mostrava todo contente, dizendo que a juntaria às outras moedas velhas que ele guardava. Achar a moeda e lembrar isso me fizeram sorrir. Fiquei feliz com aquele pequeno sinal num 11 de setembro. Mas fiquei ainda mais feliz depois de pegar a moeda. Quando a virei e vi impresso o ano de nascimento de Bill, soube que ela era um presente. Soube que ele estava junto a mim naquele instante. Sentiase satisfeito, alegre, inteiro. Definitivamente, a tristeza era minha, não dele. Gostei mais dos sentimentos dele e passei o resto do dia em seu estado de espírito, em vez de naquele em que acordara.

Depois de minha segunda consulta com Allison, em 16 de setembro de 2005:

Bill demonstrou a Allison suas habilidades na cozinha mostrando seu prato preferido: ovos mexidos. Ele sempre gostou de prepará-los para a família quando era vivo, especialmente para seus queridos *boxers*, Mike e Zelda. Foi muito importante a menção de Allison à predileção de Bill por ovos mexidos porque, sendo uma característica de sua personalidade, confirmou que ele está comigo. É bom saber que os problemas de colesterol não nos acompanham para o outro lado!

Bill falou a respeito de estar na companhia de parentes que haviam morrido não fazia muitos anos. Allison os mencionou pelos nomes. Todos estão juntos. Não existe solidão, nem saudade. Ao que parece, há um sentimento de amor universal que é exclusivo e especial de cada indivíduo, mas que pertence a todos.

---

1. Antigo centavo de dólar em cujo reverso há o desenho de duas espigas de trigo ("wheat", em inglês). (N. da T.)

Allison diz que nossos entes queridos sabem quando nossa hora chegará, seja boa ou ruim, mas compreendem que, enquanto estivermos aqui, só nos resta viver, mesmo aos tropeções, de acordo com nossa condição humana. E seu novo modo de encarar as coisas está além de nossa esfera de pensamento. Haveremos de nos reencontrar de um modo ou de outro e, em vista da compreensão de que, um dia, estaremos no lugar maravilhoso em que eles estão, deveríamos nos sentir inspirados a viver vidas melhores e fazer escolhas mais sábias. Ela disse que Bill aludiu ao desejo de que eu viajasse e fosse feliz. Partilhou detalhes de nossa vida em comum, bem como de coisas ocorridas desde então.

Fiquei muito feliz de Allison me contatar no quarto aniversário do 11 de Setembro. As coisas que dividiu comigo, vindas do outro lado, não somente aliviaram o peso de minha aflição e de meu sofrimento, como também me encheram de esperança no futuro — aqui e além. Toda partícula negativa simplesmente desaparecerá num instante. Desfrute do espírito dos que partiram antes de nós. Não há verdadeiramente um fim.

■ Consulta sobre o 11 de Setembro

Quando entrei em contato com Betty para falar de meu livro, só consegui obter o nome e telefone nos registros antigos de minha secretária. Uma vez que o número de consultas no ano em que ela veio ter comigo chegou a trezentos, não lembrava que era uma viúva do 11 de Setembro. Mandei um e-mail poucos dias antes do quarto aniversário do atentado. Tenho certeza absoluta de que Bill providenciou para a esposa se consultar próximo à época de seu falecimento. De trezentos clientes antigos, escolhi ao acaso apenas cinco para enviar e-mails perguntando se não queriam partilhar suas histórias em meu livro, e o único capítulo que não havia escrito era sobre a "perda de parceiros". Ela era a única dos cinco que perdera um parceiro, o que me faz ter certeza de que Bill esteve por trás disso. Bom trabalho, Bill!

Betty respondeu dizendo que, quando voltasse de uma viagem para uma homenagem às vítimas de 11 de Setembro, entraria em contato para partilhar os detalhes de sua consulta comigo. Depois que ela retornou e ligou, senti-me compelida a voltar a lhe dar uma consulta. A sincronia foi perfeita, pois Bill tinha algumas coisas a dizer.

Betty ligou no dia em que havíamos combinado fazer uma consulta por telefone. Disse-lhe que o marido falara que lhe enviaria pássaros, para que soubesse que ele estava por perto.

Ela partilhou comigo que, não fazia muitos dias, um passarinho ficara dando voltas em torno de sua cabeça, ao que ela disse: "Sei que é você, Bill".

Às vezes os pássaros simbolizam liberdade para os falecidos, um modo de fazerem os vivos saber que estão pairando no céu, não na terra ou numa urna. Os pássaros são um sinal de vida e de expansão da consciência. Em geral, eles nos olham do alto e nos observam, o que não é muito diferente do que fazem os anjos/espíritos.

Por isso foi ótimo para ela ter a confirmação do marido de que, de fato, era uma tentativa de chamar a atenção. Os pássaros também são um tipo de cartão de visitas dele, o que significa que serão o modo como partilhará sua presença com a esposa, para que ela não o esqueça.

Ele partilhou nomes dos membros da família de quem está junto, do outro lado, e que Betty pode conferir com facilidade — menos um. Achei interessante que o nome "James" não parasse de me ocorrer. Betty disse: "O nome já lhe ocorria no ano passado, mas não consigo atinar de quem se trata".

Tive um instante de lampejo: "Betty, é um sobrenome. Sabe se há algum conhecido de seu marido com o sobrenome James?".

Foi então que ela teve um estalo e se deu conta de que Bill falava de um amigo, Dr. James, que também havia morrido. Ufa! Algumas vezes são mais difíceis do que outras, mas foi ótimo Bill me fazer perceber que era um sobrenome. Agora, todas as pessoas de quem ele deu o nome e disse estar próximo estavam explicadas e eram pessoas que moravam em seu coração.

Bill também insistiu em falar numa placa em sua homenagem e que ele adorava. Queria que a esposa soubesse o quanto significava para ele. Fora erigida no escritório, e sua efígie estava gravada na fronte.

Naquele dia, ele transmitiu a Betty muitos fragmentos de informação, mas acho que o mais importante foi o de que estava pensando nela nos últimos momentos, no World Trade Center, e de que ainda a carregava consigo. Ele continuará a orientar e amar seus familiares, bem como a lhes induzir ímpetos ocasionais de fazer os famosos ovos mexidos, do jeitinho que ele gosta.

Quero agradecer a Betty pela coragem de partilhar sua história com outras pessoas. Sem dúvida, muita gente que perdeu entes queridos no 11 de Setembro se identificará e, também, se solidarizará com ela. A todos que amaram e enfrentaram uma perda, por favor, lembrem que são abençoados por haverem amado tanto e que esse amor jamais morrerá.

Furacão Katrina

Em agosto de 2005, o pior desastre natural a assolar os EUA na época atual devastou o Sul. O furacão Katrina varreu os estados da Louisiana e do Mississippi e deixou um rastro de destruição sem limites. Minha amiga Wendy telefonou nervosa, pois o marido, Jim, produtor de jornalismo, decidira ir às ruínas da passagem do Katrina e ela estava preocupada com sua segurança, o que é compreensível. Só o que pude fazer foi tranqüilizá-la. Felizmente, ele voltou são e salvo poucos dias depois.

Na semana seguinte, sua estação realizou um programa para angariar dinheiro para o fundo de amparo às vítimas. Liguei para

Wendy e disse: "Vamos separar umas roupas ou levar comida ao estádio, em Phoenix, para os desabrigados. Vamos fazer alguma coisa para ajudar!".

Wendy disse: "Allison, por que você não vem hoje à noite e responde a ligações de telefone na estação de notícias, para o programa?".

E foi exatamente o que fiz. Foi uma noite ótima, com muitos altos e baixos. Houve pizzarias que ligaram para doar US$ 4 mil, houve gente que se ofereceu para dar guarida a um desabrigado e houve crianças que ligaram para doar o conteúdo de seus cofres de porquinho! É como sempre digo: temos muito que aprender com as crianças.

Enfim, sentei-me junto a um ótimo rapaz de nome Dave, de minha idade, e começamos a conversar entre uma ligação telefônica e outra. Ele me perguntou o que eu fazia para ganhar a vida e respondi: "Sou médium".

A resposta dele foi: "Não é possível!".

Então, ele começou a me contar do amigo Jason, cuja esposa havia acabado de morrer em circunstâncias trágicas. Ligou para Jason do celular e contou quem estava sentado perto dele. Só o que consegui ouvir foi: "Não é possível!". Dá para imaginar por que os dois são amigos! Dei meu endereço de e-mail para o amigo entusiasmado e ele entrou em contato no dia seguinte.

Jason perdera a mulher quatro meses antes de sermos apresentados. Tinha duas filhas para cuidar. Minha empatia foi enorme, e sabia que sua esposa havia orquestrado nosso encontro; do outro lado, ela tomava conta dele. Assim, disse-lhe que ajudaria sua esposa a se manifestar e agendei uma consulta para a semana seguinte. Jason confidenciou haver procurado meu site na web alguns meses antes, mas viu que a lista de espera era enorme. Sentira-se desapontado por não haver sido possível agendar o encontro comigo. Ao que parece, a esposa cuidara disso para ele, passando por cima da burocracia e indo direto à fonte!

Jason mencionou uma amiga sua, Karla, que se consultara comigo. O marido falecera num acidente de carro, com a caçula e a melhor amiga da filha mais velha. Jason a conhecera num grupo de apoio que ela fundara, chamado Safe Harbor (porto seguro). No mesmo instante, lembrei-me de sua consulta, ocorrida fazia pouco mais de um ano. Pensei em ligar para ela, uma vez que o acúmulo de coincidências era cada vez maior.

Expliquei a Jason como pareceriam algumas das informações que a esposa poderia passar. Sei que, quando dou exemplos a alguém que está sofrendo, ajudo a pessoa a entender o que vejo de fato em minha cabeça. Joe, que jamais se cansa de meu hábito de dar exemplos às pessoas, tem notado que eles se refletem em seus rostos quando elas começam a perceber suas próprias conexões peculiares e se dão conta de que meu exemplo é sua realidade. Um exemplo que dei a Jason foi: "Sua esposa pode dizer: 'Estarei na festa de aniversário da menininha'".

Visualizei balões de aniversário na mão da esposa de Jason, mas ele não disse nada desse exemplo, por isso achei melhor guardá-lo para a consulta da semana seguinte. Tenho que admitir que me senti frustrada. Em geral, os exemplos que dou são muito importantes para os falecidos, por isso me acostumei a vê-los fazerem os vivos ter um estalo. Terminei a conversa com Jason e liguei para dar um alô para Karla.

Ela foi pega de surpresa quando me ouviu. Durante a conversa, perguntei sobre o grupo de apoio, e ela disse que ele era mais voltado para mortes envolvendo acidentes de carro. Perguntei se podia adicionar a informação sobre o grupo ao meu site, como referência para outras pessoas que houvessem perdido entes queridos desse modo, e ela concordou. Então, Karla confidenciou outra coisa. Aquele era o dia do aniversário de sua filha. Ela sabia que não era uma coincidência eu telefonar naquele dia. Conversamos sobre a saudade que ela sentia da família, e ela disse que estava levando balões para a filha no cemitério. Para mim, isso reforçou e muito o fato de que somos colocados de propósito na vida das pessoas quando elas mais precisam. Não resta dúvida de que o marido e a filha de Karla deram uma ajuda para que eu chegasse a ela durante essa seqüência de "coincidências". No dia seguinte, contei a Jason que era aniversário da filha de Karla. Sabia que sua esposa, Nicole, estivera tentando informar Karla de que ela estava tomando conta de sua filhinha. Sabia disso porque, quando as pessoas que morrem mostram coisas como balões de aniversário em suas mãos, sei que estão mostrando uma conexão física entre elas e a pessoa a quem o objeto pertence, seja ela quem for. Uma sensação de segurança de que a estou interpretando corretamente pode também reforçar a imagem que recebo. Depois de saber que era aniversário da filha de Karla, fiquei me remoendo por não haver levado a informação mais adiante, mas partilhei com Karla que mencionara o aniversário com Jason. Ela sabia que o marido e a filha a estavam pondo a par de que haviam visto os balões que ela levara para a filha e que estavam com ela. Os falecidos se vêem conectados por meio dos relacionamentos estabelecidos entre os vivos.

Jason e Karla incluíram suas histórias na esperança de comover outros que hajam perdido seus amados, seus parceiros.

Sra. Jason Sherman

Meu nome é Jason Sherman. Minha vida e a de meus familiares e amigos íntimos foram alteradas para sempre às 2h15 do dia 15 de maio de 2005, num triste trecho da Rodovia 101, em Phoenix, Arizona. Eu e minha mulher, Nicole, havíamos acabado de passar a noite com alguns amigos de infância com quem ela voltara a entrar em contato não fazia muito tempo. Tivemos uma noite daquelas! Comemos, bebemos, dançamos e relembramos os velhos tempos.

Os amigos perguntaram se não queríamos ficar em sua casa, pois o caminho de volta era muito comprido e já estava muito tarde.

Decidimos que era melhor voltar. Não há nada melhor do que dormir na própria cama após uma noitada. Além disso, de manhã veríamos uma médium que estava na cidade, pois minha mulher estava interessada no assunto da vida após a morte.

A caminho de casa, vimos o que parecia um terrível acidente na faixa oposta à nossa. Os carros estavam parados. Não conseguíamos ver se havia alguém ferido. Tenho licença de EMT,[2] e, nos últimos cinco anos, vinha tentando ingressar em diversos corpos de bombeiros do Vale. Por isso, Nicole disse na mesma hora: "Ai, meu Deus, precisamos encostar e ajudar!".

Foi justamente o que fiz, parando imediatamente no acostamento mais próximo, no lado da rodovia oposto ao do acidente. Parecia que os dois veículos envolvidos haviam colidido contra os cabos que dividem o canteiro central e espalhado fragmentos por toda a pista, indo até o outro lado. Saltei do carro e liguei para a emergência, enquanto atravessava a pé a rodovia. Pedi para mandarem a polícia e os bombeiros, porque o negócio parecia bem feio. Só então vi que os dois ocupantes de um dos carros estavam fugindo — e um logo atrás de mim! Perguntei se estava bem, ele disse que sim e continuou correndo. Quando cheguei no canteiro central, notei que, do lado da rodovia onde eles estavam, encostou um bando de "racheiros".[3] Ao ouvir as sirenas, gritaram: "É a polícia! Vamos embora!". Todos fugiram correndo.

Nicole atravessara comigo para o outro lado da estrada, para averiguar o interior dos carros e verificar se havia baixas. Enquanto isso, ouvíamos as sirenas da polícia se aproximando. Disse que seria melhor ela voltar para o carro e ficar lá, uma vez que não parecia

---

2. Nos EUA, o Emergency Medical Technician (Técnico Médico de Emergência) é habilitado a proceder a manobras de primeiros-socorros em situações de emergência, embora sendo menos capacitado do que o paramédico. (N. da T.)

3. Embora ainda não consignado nos dicionários, o vocábulo vem sendo empregado informalmente para identificar os participantes de corridas ilegais de carro, ou "rachas". (N. da T.)

haver ninguém ferido; eu continuaria vasculhando o local e estaria lá num minuto. Ela concordou e voltou. Ainda me lembro de vê-la atravessando de volta a rodovia e pondo nosso carro mais paralelo ao acidente.

Comecei a orientar outra pessoa que parara para prestar socorro, informando que não havia feridos. Comecei a retirar os fragmentos da vasta rodovia. O pára-choques e o acabamento de um veículo estavam nas faixas mais próximas do centro do nosso lado! E os carros ainda cruzavam voando por nós, passando por cima dos fragmentos! Pensei comigo mesmo: "Caramba, estão indo rápido demais. Por que não reduzem a velocidade?". Só então uma patrulha rodoviária parou no lado em que ocorrera a colisão. O policial saltou e começou a avaliar o local. Virei de costas para a rodovia, para poder falar com ele e pô-lo a par do que testemunhara.

Lembro que, em seguida, ouvi esse som pesado, de um objeto grande atingindo uma coisa sólida e, depois, o som chocante da queda no chão. A isso seguiu-se o agudo de um carro dando uma freada. Virei-me e vi uma coisa mais ou menos a uns três metros de distância de mim, na pista logo ao lado do canteiro central, onde eu estava. Lembro que pensei que o que estava vendo não parecia real; na verdade, achei que alguém fizera uma brincadeira, atirando um manequim para fora do veículo. Parecia artificial demais.

Ouvi alguém dizer que era um corpo e, quando me virei, vi gente se afastando com uma expressão de horror no rosto. Eu estava na estrada. Fiz a volta para ver mais de perto, pensando comigo mesmo: "Não é possível, é de mentira!". Foi quando percebi as roupas. Eram idênticas às que Nicole usava. Senti-me sendo varrido por uma onda de pânico, e choque, e náusea.

"Ai, meu Deus!... Ai, meu Deus!..."

Comecei a voltar para averiguar o interior de nosso veículo, no lado oposto da rodovia. Pedi a um policial no meio da estrada que verificasse. Disse que minha mulher deveria estar dentro dele. Ele virou a luz da lanterna para o interior do veículo... nada. Ela não estava lá. A essa altura, eu havia me afastado de onde estava estendido o corpo de aparência artificial. O corpo vestido com as roupas de Nicole.

Percebi que o que andara procurando o tempo todo era Nicole. Possivelmente, ela tentou atravessar de volta a rodovia para ficar comigo. Quando me virei para conversar com o policial, ao mesmo tempo ela foi atingida por um carro. Senti um tipo de sensação nauseante que não se pode comparar a nenhuma outra no mundo, tão poderosa que não me deixava pensar. Minha cabeça girava. A primeira coisa em que pensei foram nossas meninas, que jamais veriam a mãe novamente. Como dizer a elas? Não haviam tido nenhum indício, quando a beijaram mais cedo na mesma noite, na casa da babá, que aquele seria seu último beijo, a última vez que veriam mamãe com vida. Eu não tinha a menor idéia de que, quando a vi dançar naquela noite, quando ela se virou para mim e disse: "Eu te amo", aquela seria a última vez que eu ouviria essas palavras de sua boca. Nem a menor idéia, quando dançamos lentamente, abraçados um ao outro, que uma hora depois ela teria deixado minha vida.

Serei eternamente grato por aquela última dança e por aquela última vez em que ela disse: "Eu te amo".

Minha consulta com Allison

Antes de conhecer Allison, andava numa situação bem ruim. Estava dando o melhor de mim para atravessar cada dia. Já era difícil o bastante levantar da cama toda manhã para trabalhar. Tinha o costume de acordar com Nicole, pensando no que o dia traria — coisas que teríamos que fazer ou que esperávamos fazer. Agora, quando eu acordava, ela já não estava a meu lado. Minha nova realidade trágica era a primeira coisa em que pensava ao acordar, e o último pensamento fugidio que me ocorria quando me deixava levar pelo sono à noite era nela. Estava apenas sobrevivendo. Sentia-me perdido.

Mas agora tinha uma nova lista de responsabilidades exclusivamente minhas, e nossa filha Hailey, de 10 anos de idade, e nossa filha McKenna, de 7 anos, a encabeçavam. Tinha muito que aprender. Há mais ou menos sete anos que raspava minha cabeça, então não é preciso pensar muito, de manhã, quanto ao que fazer do cabelo. Pode-se dizer com segurança que eu não adquirira muita prática em arrumar o cabelo das meninas! Rabos de cavalo? Elásticos? Grampos? Nem pensar! Sentia-me muito infeliz por causa disso. Eu tento, mas elas ficam frustradas e dizem: "Não faz mal, papai". Alguém conhece algum curso que ensine a um pai como arrumar os cabelos das filhas? Eu me inscreveria com prazer.

A perda de Nicole me fez encarar de frente minha vida e as coisas que realmente importam. Muitas vezes, damos como certo que a parceira estará sempre ali — estará ali quando as meninas voltarem da escola, ou para ir comprar roupas com elas, ou para arrumar seus cabelos antes de ir aonde fossem. Nicole sempre verificava se as meninas tinham uma aparência mimosa: cabelos mimosos, roupas mimosas. Agora, quem está a cargo disso sou eu, o sujeito que gritava do *closet*: "Querida, o que é que eu uso para sair hoje à noite?".

Admito que me recrimino por não conseguir fazer as coisas que ela conseguia fazer tão bem quanto lhe era possível. É duro aceitar que não sou capaz de fazer tudo, nem estar em todo lugar. Sinto como se fosse responsabilidade minha tentar compensá-las pela ausência da mãe, como se estivesse deixando Nicole na mão se não puder lidar com tudo de uma só vez — as meninas, meu trabalho, meus sentimentos e emoções, a faxina da casa, os cuidados com o jardim. A lista não tem fim. Estou fazendo o melhor que posso. Tenho que ficar repetindo isso para mim mesmo.

Creio que Nicole viu meu esforço e mexeu os pauzinhos para me levar a Allison. Depois que a conheci, comecei a me sentir menos sozinho, não tão perdido. Não que haja me tornado melhor num passe de mágica, tenho consciência de que as meninas e eu ainda temos um longo caminho à frente. Mas é um começo. Allison falou muitas coisas que não poderia saber senão por meio de Nicole. Depois do funeral, escrevemos mensagens para ela em pedaços de papel, amarramos em balões e os soltamos. Allison disse: "Nicole recebeu os balões que vocês mandaram". Meu queixo quase caiu. Houve muitas coisas que simplesmente me estarreceram.

Algumas coisas não fizeram sentido de início, mas fizeram depois. Uma, em particular, foi uma mensagem de Nicole para a melhor amiga, Larissa. Ela a mencionou e mostrou a cor púrpura a sua volta — a *toda* sua volta! Ela também insistiu em mostrar Larissa passando por um Burger King várias vezes. Nicole insistiu em mostrar o letreiro da lanchonete através do vidro de um carro de passagem. Eu sei, pensei a mesma coisa: de que raios você está falando? Cerca de uma semana depois, consegui partilhar com Larissa as coisas que Nicole manifestara. Quando contei da cor púrpura a sua volta, ela disse que a casa que havia acabado de comprar era toda púrpura por dentro! É óbvio que Larissa e o marido tiveram que meter a mão na tinta antes de se mudar. Quando mencionei a passagem de carro pelo Burger King diversas vezes, ela disse: "Qual foi o dia em que você se encontrou com Allison?".

Respondi que havia sido na terça-feira anterior, e ela ficou quieta. Disse que, nesse mesmo dia, fora a uma loja de departamentos próxima de onde mora. Deve ter ido e voltado umas cinco ou seis vezes. Ora, adivinhem o que há bem em frente à loja? Adivinharam: uma Burger King!

Larissa chorou. Sua inconformação com o falecimento de Nicole é a mesma de todos nós, mas tem preferido mantê-la reservada. Ela é do corpo de bombeiros e, como faz tantas vezes no trabalho, pôs de lado os próprios receios e emoções para ficar à disposição dos outros. Ela e seu marido, Jeff, se colocaram a disposição minha e das meninas desde o início e se dedicaram de corpo e alma a me ajudar, como fosse possível, com o funeral, a comida etc. Larissa também é muito religiosa e tem na Bíblia um manancial de força e orientação em sua vida. Minha consulta com Allison a deixou estarrecida. Acho que ela receia que, se acreditar muito nessas coisas, suas crenças em Deus e no paraíso possam ser perdidas ou perturbadas. Mas ainda se sente tão triste e solitária quanto nos sentimos logo que perdemos um ente querido.

O que me ajudou foi entender que Nicole está sempre junto de nós, que ela só partiu num sentido físico e todo dia exerce influência sobre as meninas e em minha vida. Isso ajudou a aliviar minha tristeza e solidão. Não, não posso mais abraçá-la ou beijá-la, nem posso sentir seu corpo junto ao meu. Mas, se prestar muita atenção, posso "sentir" sua presença junto a mim. Converso com ela todo dia, digo o quanto a amo e peço que dê uma ajuda quando as coisas ficam muito difíceis com as meninas. Sei que, quando meu coração ficar um pouco mais leve e a raiva, a culpa e a tristeza diminuírem, ela voltará a aparecer em meus sonhos. Torço para que chegue esse dia, e sei que, quando for minha hora, voltaremos a ficar juntos.

■ Os efeitos sobre o médium

Quando me encontrei com Jason pela primeira vez, já havia escrito quatro páginas de informação sobre sua esposa e estava ansiosa para partilhá-las com ele. Abri a porta para um jovem amistoso com um coração pesaroso. Pude sentir sua dor. Convidei-o a se sentar e começamos a consulta.

Primeiro, disse-lhe o quanto me assombrara ver até onde fora sua esposa para orquestrar uma consulta para o marido, a quem tanto ama ainda. Ela não causou um furacão para chamar minha atenção, mas se aproveitou dele como uma oportunidade de me contatar por meio de uma seqüência de eventos concebidos para me conduzir a Jason. Os espíritos são muitos criativos na elaboração de circunstâncias para chamar nossa atenção. Pedi a sua esposa: "Manifeste-se alto e bom som, e, se houver algo que queira dizer a seu marido, esta é uma boa hora."

Antes de Jason chegar, Nicole insistiu em me mostrar "seu" anel, pendurado num cordão no pescoço dele. Eu escrevera isso num bloco de papel que, naquele momento, estava em meu colo. Olhei para ele e disse: "Jason, o anel em seu pescoço é de Nicole?".

Ele respondeu que sim.

"Jason, virarei meu bloco de papel em sua direção para que saiba que escrevi isto antes de você chegar aqui."

Eu havia atendido à porta pessoalmente, com o bloco em minha mão, e Jason sabia que eu não escrevera nada desde quando nos cumprimentamos. Apertou os olhos e olhou, confuso, o papel: "Jason usa o anel de casamento num cordão porque assim fica mais perto do coração".

Ele ficou nitidamente comovido, o que é importante. É o motivo por que escrevo informações antes da consulta. O impacto é maior quando são recebidas antes. Desse modo, ninguém poderá argumentar que "vi" o cordão e deduzi a informação. E isso é ótimo porque elimina as dúvidas.

"Jason, Nicole insiste em falar da mecha de cabelo dela que foi guardada. E também insiste em falar na Disneylândia e em você levar as meninas até lá após a morte dela. Portanto, a viagem é importante para ela e, se você não chegou a levá-las, então planeja fazer isso. Ela também faz menção a um menininho conectado a sua caçula e de quem ela agora está próxima. E também diz que 'sussurra' em seus ouvidos."

Jason estava indócil para me dizer o que significava a informação. Pedi que esperasse até eu acabar de transmitir o que tinha, embora entendesse por que era difícil se segurar.

"Ela também está falando em luzes de ambulância... que fizeram uma homenagem a ela?" Essa me deixou um pouco confusa, mas depois faria todo sentido. "Ela diz que recebeu os balões que foram soltos para ela. Pede que você agradeça às senhoras que trouxeram a comida depois de seu falecimento. Diz que se sente feliz pelas 'senhoras' tomarem conta de você, pois ela fazia seu jantar em vida e agradece por se darem o trabalho. Não se esqueça de agradecer em seu nome. Nicole insiste em mostrar o cordão dela, com pingente de coração, como algo importante para ela. Diz que foi benquista e que havia diversas mulheres de quem era próxima que choraram por ela quando faleceu. Sente-se grata por uma tatuagem feita em sua memória. Diz que adorava comida mexicana e que está na companhia de Jack, do outro lado."

Essas foram algumas das informações que transmiti a Jason e que me evidenciaram quem é Nicole e o que ela faz.

Depois, Jason me passou suas respostas a minhas informações. "Eu, de fato, ouço Nicole sussurrar em meu ouvido. Eu, de fato, tenho uma mecha de seu cabelo, que significa muito para mim. Eu, de fato, levei nossas meninas à Disneylândia depois do falecimento de Nicole. Ela tem uma irmã mais nova, com um filho pequeno chamado Cole. No funeral, um carro de bombeiros ligou as luzes em sua homenagem. Nós, de fato, soltamos balões para Nicole. A comida mexicana é disparada a de que ela mais gosta, e o nome de meu falecido avô é Jack."

Bem, eu de fato pensei que o carro de bombeiros era uma ambulância, mas cheguei bem perto. Fiquei comovida com o fato de Nicole insistir em se mostrar próxima ao sobrinho, de nome Cole. Cole/Nicole — lado a lado, os nomes dizem muita coisa. Ele sempre será uma parte dela, do mesmo modo como é no nome.

Depois da consulta, enquanto Jason estava de saída, eu torcia para que o que havia dito o ajudasse a seguir em frente um pouquinho e começar a se recuperar. Ele jamais superará a perda por completo, mas voltará a vê-la e a se juntar a ela. Fiquei muito comovida de conhecê-lo. Vi as semelhanças entre mim e meu Joe e entre ele e sua Nicole: eles foram casados por onze anos e tiveram duas filhas; Joe e eu éramos casados havia onze anos e tínhamos três filhas.

Jason disse: "Não entendo, era para Nicole e eu envelhecermos juntos. Havíamos planejado fazer tantas coisas juntos."

Olhei para ele e me ocorreu que, a qualquer momento, a vida pode lhe passar uma rasteira. Sabia disso em virtude das tantas consultas que já havia dado e da perda de meu pai. Estava olhando para um homem que se casara à mesma época que eu, tinha filhas da mesma idade das minhas, e, no entanto, a mim é que fora concedido o privilégio de poder ver meu marido toda noite no outro lado da mesa de jantar. Também me dei conta de que os parceiros, até mesmo eu, discutimos por causa de coisas bobas, coisas que depois percebemos que não eram importantes. Expliquei a Jason que assim era a vida: discutir, fazer as pazes e seguir em frente. Não é preciso haver culpa. São as dificuldades que nos fortalecem e, depois, nos fazem voltar para aqueles que amamos ou refletir a seu respeito.

Jason já havia saído de minha casa, acompanhado de Joe. Eu ainda estava dentro. Nicole sussurrou em meu ouvido para eu sair: "Diga que o amo".

Pode parecer genérico para alguns, mas e daí? Era importante, e ela estava falando sério. Podem apostar como disse a ele.

Nicole Sherman estava fazendo os preparativos para a festa de aniversário antes de morrer e já escolhera os músicos e tudo mais. Jason e a família dela decidiram levar adiante o evento. Era a primeira vez que eu ia ao aniversário de alguém que ajudara a se manifestar numa consulta. Como Nicole mencionou, sua comida favorita era a mexicana, de modo que a família contratou para a festa os serviços de seu restaurante predileto: o El Charro. Também achei interessante que balões com recados fossem coisa que tanto Karla quanto Jason fizeram pelos entes queridos. Nas duas consultas, foi feita menção a balões.

Na consulta de Jason, Nicole disse que queria que as filhas usassem cordões de coração. Jason explicou que havia mandado fazer dois, com uma pequena parte das cinzas de Nicole dentro dos corações, e que os daria a elas quando fossem bem mais velhas. E embora a esposa entendesse por que Jason preferia esperar, ainda queria que, na ocasião, tivessem algo dela a que se apegar. Assim, antes da festa, minhas duas filhas mais novas e eu fomos à procura dos pingentes de coração perfeitos para as filhas dos Sherman. Ir ao *shopping* no sábado é coisa que só faço quando estritamente necessário, argghh! Mas enfrentamos o desafio. Já havíamos estado em quatro lojas quando minha segunda filha, Fallon, ao entrar em mais uma, anunciou que seria nela que acharíamos o cordão perfeito. Estava certa. Encontramos os cordões ideais para as meninas e os levamos para serem gravados. Perguntei a Nicole o que queria escrito atrás, e ela disse simplesmente: "Mamãe".

Enquanto ia para a festa, com os presentes nas mãos, torcia para não estar ultrapassando meus limites. Minhas filhas conheceram as de Nicole. Entreguei um dos cordões para Halley, a mais velha, e ela pareceu contente. Dei a Jason o cordão da menor, para entregar depois. Minhas meninas saíram correndo para brincar enquanto eu admirava o bolo decorado com o jovial e imaculado rosto angelical de Nicole, que olhava de volta para mim. Pedi desculpas a ela por não poder fazer mais, quando me dei conta, emocionalmente, de que era uma de muitas pessoas que queria trazer de volta para nosso lado do véu. Enquanto minhas filhas corriam a minha volta, senti-me culpada e agradecida ao mesmo tempo por poder abraçá-las.

Às vezes, após uma consulta com alguém que perdeu um parceiro ou filho, abraço minha família e, depois, me afasto de sua companhia, pois preciso sofrer em particular pelas mortes tão próximas de meu lar. Às vezes, basta olhar minhas filhas dormindo para lembrar o momento para sempre. Em razão dos clientes, "sinto" que esses momentos — dormindo, brincando, rindo — são os mais importantes da vida; por isso, lembro-me de assimilar tantos deles quantos me é humanamente possível. Depois de mortas, as pessoas não mostram quanto dinheiro ou quantas coisas tinham. Mostram as pessoas que as fizeram viver bem. As memórias que têm guardadas é que as fazem verdadeiramente ricas. Fiquei profundamente tocada com a vida em comum de Jason e Nicole, e espero que sua consulta faça ver aos outros que não há separação no amor.

Depois de escrever para o livro a parte sobre Jason, refleti sobre Karla e sua família. Queria contar a história de Karla exatamente do mesmo modo. Ela não apenas passou pela experiência de perder um parceiro — que é o assunto deste capítulo —, como também perdeu a filha na mesma ocasião. Acho a história perfeita para concluir dois capítulos muito importantes e emocionalmente carregados; espero que também tenham um efeito restaurador. Neste capítulo estão inclusas três histórias de amor com que muita gente há de se identificar e admirar. A diferença da história de Karla para as outras é que, sempre que sente saudades do marido, sente da filha também, e vice-versa. Ela redigiu uma homenagem ao marido em que incluiu a história de amor dos dois, e acha importante que vocês se sintam como se conhecessem sua família. E torce para que sua história seja de ajuda para outros que perderam ou venham a perder alguém a quem amam.

■ Karla

O dia em que recebi a ligação de Allison era outro dia difícil: aniversário de minha filha Lindsey, que faria 14 anos. Naquela manhã, acordei, levei minha filha mais velha à escola e me dirigi à academia, achando que me sentiria melhor. Voltei para casa, tomei um banho e troquei de roupa; lembro-me de estar em pé no meio da cozinha, sentindo como se quisesse voltar para a cama. Fiquei ali, na cozinha, chorando, falando com minha filha, dizendo que era outro dia triste. Sentia-me extremamente deprimida. Disse que, naquele dia, precisava de algo que trouxesse um sorriso para meu rosto. Então, do nada, recebi um telefonema de Allison DuBois, perguntando se queria prestar uma homenagem a meu marido e minha filha. E antes que eu conseguisse dizer que era o aniversário de Lindsey, Allison já sabia.

Dois anos antes, perdi parte de mim mesma quando dirigíamos de volta para casa depois de um feriado em família. Estávamos aproximadamente a uma hora de casa quando um de nossos pneus estourou. Nosso carro capotou várias vezes. Minha filha Lindsey, de 11 anos de idade, meu marido, de 36 anos, e a melhor amiga de minha filha mais velha, Tawnee Hogan, de 15 anos, morreram no local do acidente. Minha vida jamais voltaria a ser a mesma. Embora não possa mais vê-los, sinto-me grata por eles serem uma parte de quem sou.

Para lhes dar um pequeno histórico a respeito de mim e de meu marido, permitam-me voltar aonde tudo começou para nós.

Desde sempre conheço meu marido, e quando digo "sempre" falo sério. Vejam: nossas mães eram amigas à época em que estavam grávidas de nós, na cidade de Wichita, no estado do Kansas. Nascemos com seis semanas de diferença, e eu adorava mexer com ele dizendo que era mais velho do que eu. Quando eu tinha 5 anos de idade, meus pais se mudaram para a Califórnia, e os dele, para o Colorado. Quando eu tinha 12 anos, o pai dele veio morar conosco, enquanto procurava um emprego e uma casa para onde se mudar com a família. Lembro-me de minha mãe me chamando para descer e conhecer os filhos dos Whelchel: Brent, meu futuro marido, e Todd. Meu marido me disse que, na hora em que pôs os olhos em mim, saiu de lá dizendo ao irmão que eu era a garota com quem ele ia se casar!

Muitos anos se passaram e, embora várias vezes meu marido tentasse me convencer a ser sua namorada, isso não ocorreu. Ele era o melhor amigo de meu irmão, também de nome Brent. Assim, à medida que Brent e Brent se tornaram amigos do peito, para mim, era como se tivesse outro irmão na família.

Quando nos formamos, nossas mães prepararam uma festa para nós dois. Ficamos conversando até as primeiras horas da manhã e percebi que estava apaixonada por Brent.

Namoramos durante dois anos e nos casamos com as tenras idades de 20 e 21 anos. No dia do casamento, vinte minutos antes da cerimônia, Brent saiu para dar um passeio. Tempo suficiente para entornar umas cervejas com os irmãos e cair na farra. Disse que o surfe naquele dia estava ótimo, as ondas estavam boas demais para ir embora.

Era o tipo de homem que adorava ser o centro das atenções, adorava fazer as pessoas rir; nunca se importou que os outros o chamassem de "metido". (Acho que se divertia com isso.) Fazia piada de tudo; às vezes, chegava a ser difícil falar com ele a sério. Jamais perdeu a criança que havia dentro de si.

Seu lema era: "Dê duro no trabalho e na diversão". Brent nunca desistia quando se tratava de pegar no pesado. Buscava meios de aprender e melhorar ao longo da vida.

Brent adorava música, tocava violão e guitarra. Nos últimos três anos de vida, aprendeu a cantar por conta própria, do mesmo modo como aprendera a tocar violão e bateria. Ele sempre fazia a multidão aplaudir quando cantava músicas dos Stone Temple Pilots[4] num *sushi bar* local, onde se divertia com o karaokê. Era capaz de ouvir uma música e saber de imediato os acordes exatos que deveria tocar. Seu amor pelo *rock* e por tocar numa banda começou quando tinha 14 anos de idade e continuou até o dia em que morreu.

Adorava assistir ao Discovery Channel e gostava especialmente de tudo que se relacionava a aeroplanos. Assim, quando tinha 35 anos de idade, Brent decidiu ter aulas para aprender a voar. Ele parecia nunca ter medo de nada.

Um de seus irmãos morrera quase dez anos antes da véspera de sua própria morte. Sabia que a vida era curta e sempre me dizia: "Nunca olhe para trás. O ontem já era. Faça o melhor que puder do dia de hoje e fique de olhos voltados para a frente".

---

4. Banda norte-americana de *rock*. (N. da T.)

Parecia que, nos últimos anos de vida, Brent fez tudo que queria. Até aprendeu a cozinhar. Adorava criar as próprias receitas e dispor as refeições no prato de modo que parecesse que vinham de um restaurante chique. Adorava servir a mim e às meninas.

Brent era fiel ao trabalho, à família e aos amigos. Ele adorava ser pai, embora fosse um molenga no trato com as meninas. Sua chama continua acesa em sua filha Bridget, e sua música continuará a tocar nos corações de todos que o conheceram.

Brent, eu o amarei para todo o sempre.

Sua Kay especial.

Como conheci Allison DuBois e os detalhes de minha consulta

Durante o verão de 2004, estive me tratando semanalmente com uma terapeuta que me ajudava a superar a dor que ainda sentia. Ela tinha uma idéia clara daquilo em que eu acreditava, do ponto de vista espiritual. Assim, durante as sessões, perguntou o que eu achava dos médiuns. Disse-lhe que era bastante aberta, e será que ela conhecia alguma? Ela respondeu que vira essa senhora na TV e procurado seu site na web. O nome era Allison DuBois. Disse que, em breve, faria uma consulta com ela. Lembro que voltei para casa naquele dia e procurei o site de Allison. Sua agenda estava lotada por vários meses e concluí que não era para acontecer.

Próximo do fim do verão, entrei no consultório de minha terapeuta. Ela parecia muito feliz e tranqüila. Quando disse que percebia uma mudança nela, ela sorriu e respondeu que havia tido a consulta com Allison. Ela perdera um filho. Sem saber o que eu ia dizer, disse que perguntou se poderia me mostrar a primeira parte da fita. Achava que meu marido se manifestara primeiro, para tentar me contatar. Acho que, quando se perde de repente alguém que se ama, especialmente num acidente de carro, de imediato, se sente culpa por se ter sobrevivido, como ocorreu comigo. A terapeuta e eu estávamos trabalhando minha "culpa de sobrevivente". No começo da primeira parte da fita, Allison diz ver um homem jovem, acompanhado de duas moças muito jovens, uma de cada lado dele. "Ele quer que você saiba que não é culpa sua. Ele também quer que você saiba que sente saudades de se sentar com você perto da piscina e de dividir com você uma boa garrafa de vinho".

Nada disso fazia sentido para a terapeuta, mas fazia todo sentido para mim. Brent estava com Tawnee e Lindsey, mortas no acidente com ele, sabia que eu tinha "culpa de sobrevivente" e queria que eu soubesse que não era minha culpa e que se lembrava com ternura de nossas noites no Arizona, sentados junto à piscina com uma boa garrafa de vinho. Depois, Allison ajudou a se manifestar o filho de minha terapeuta, que controlou o resto da consulta. Isso é típico de meu marido, correr atrás exatamente do que quer.

Naquela noite, sentada diante do computador, ouvi uma voz vindo a mim do nada: "Mande um e-mail para Allison agora!".

Entrei em seu site na web. No dia seguinte, sua secretária me respondeu dizendo que havia ocorrido uma desistência e, logo em seguida, ela clicara em minha mensagem. Eu poderia comparecer a uma consulta em duas semanas? É claro!

Em meados de setembro de 2004, minha filha e eu fizemos uma visita a Allison para uma consulta. Fiz de tudo para não fornecer nenhuma informação a sua secretária.

Allison imediatamente ajudou meu marido a se manifestar. Estava acompanhado de duas meninas muito jovens, uma de cada lado. Os olhos de Allison se encheram de lágrimas. Olhou para mim e minha filha e perguntou: "Esse é seu pai?".

Bridget respondeu: "Sim".

Allison explicou que, nas últimas semanas, dera consulta a alguém que perdera o marido no 11 de Setembro. Disse que o julgou muito forte ao se manifestar, e meu marido também estava se manifestando muito claramente. Descobri que a outra mulher era Betty, que também está neste capítulo, vejam que coincidência. Allison disse a mim e a minha filha que podia sentir muito amor entre os membros de nossa família.

Ela prosseguiu: "Foi um acidente de carro. Havia algo de errado com o pneu, e o veículo capotou".

De fato, nosso pneu esquerdo traseiro estourou, e nosso carro capotou.

Brent se manifestou do modo de sempre. Allison riu ao ouvi-lo cantar "Parabéns para você" para si próprio, de maneira cômica. Isso significava muito para mim, porque Brent faz aniversário em 24 de setembro, e Lindsey, em 8 de setembro.

Allison disse: "Brent quer que você saiba que gosta da aparência que ele tem agora, que está melhor do que nunca." Ela também disse que ele queria que Bridget soubesse que a música que ela toca diversas vezes no quarto é a que envia para ela: *Dance with my father* (dançando com meu pai), de Luther Vandross.[5] Queria que ela soubesse que "embora ela não se conforme com a incapacidade de se conectar com ele, toda noite ele se senta nos pés da cama enquanto ela dorme".

Eu havia tido vários sonhos maravilhosos com meu marido, Lindsey e Tawnee. Bridget não se conformava de não ter sonhos ou sinais de que eles estavam com ela.

No local do acidente, na desolada cidade de Tonapah, nos arredores de Phoenix, Arizona, fui gravemente ferida. Com um pulso cortado, ossos quebrados e contusões de cima a baixo, de algum modo consegui me desvencilhar do cinto de segurança. Nosso carro estava de cabeça para baixo. Quando me arrastei para fora, Brent estava sentado bem a meu lado. Fiquei gritando para que acordasse e nos ajudasse. Allison disse: "Brent quer que você lembre o modo como era antes do acidente, não no local do acidente". (Tive que trabalhar isso na terapia.)

---

5. Cantor e compositor norte-americano de *rhythm & blues* e *soul*. (N. da T.)

Consegui desvencilhar Bridget do cinto de segurança — ela estava consciente — e tirar do carro a amiga de minha caçula, que também estava consciente. Imediatamente, o socorro chegou ao local. Na mesma hora, apareceram dois enfermeiros. Quando, enfim, nos removeram para o hospital, me conduziram às pressas para a sala de cirurgia. Fui submetida a duas intervenções uma logo atrás da outra, no pulso esquerdo e no pé direito. O médico chamou minhas irmãs e seus maridos e disse que minhas chances de sobrevivência eram de 50%. Eu havia perdido muito sangue. No local do acidente, após a primeira capotagem, lembro-me de um túnel de luz. Minha filha Lindsey e meu marido estavam a minha espera. Depois, lembro de eles me empurrarem de volta e de ouvir minha filha mais velha, Bridget, pedindo ajuda aos gritos.

Allison disse: "Brent sabia que você queria ir com eles, mas não era sua hora. Sabia que você entenderia que ele precisava ficar com Lindsey". Depois de trabalhar num asilo durante sete anos, de vez em quando queria conversar com Brent sobre o que faríamos se algo acontecesse a um dos dois. Ele sempre dizia que não queria falar disso, porque ele "iria primeiro". Dizia que não conseguiria suportar a vida sem mim.

Brent disse a Allison que sentia muito por não me haver deixado em segurança, do ponto de vista financeiro. Alguns meses antes, um corretor nos procurara para falar sobre seguro de vida. Em virtude das aulas de pilotagem de Brent, o valor era muito alto. Achei que deveríamos adiar alguns meses, para depois que terminássemos de pagar pelo carro. Brent pediu a Allison que me dissesse para não me preocupar, pois sempre cuidaria de mim financeiramente. (É engraçado, nunca precisei me preocupar com dinheiro. Ele sempre aparecia quando eu precisava.)

Após o acidente, decidi pesquisar sobre veículos. Comprei um Volvo. Allison disse a Bridget que, quando ela começasse a dirigir, "Seu pai quer que você arranje um tanque, um Volvo antigo".

É claro, foi exatamente isso que eu disse que ela teria quando começasse a dirigir. Hoje em dia, tenho uma tendência a superproteger minha filha. Allison disse para não nos preocuparmos: "Agora, Brent está olhando de verdade por ela!".

Allison riu porque Brent queria que Bridget soubesse que o pai estava "sempre olhando por ela", e que ela deveria ter isso em mente.

Ao longo dos anos, Brent desenvolveu um estreito relacionamento com o pai. Queria que soubéssemos que estava preocupado com o pai, algo relacionado ao coração. Não como um ataque cardíaco; ele sabia que o coração do pai estava despedaçado.

Brent sabia que nosso aniversário estava para chegar em pouco tempo e queria que eu o comemorasse. Ele estaria comigo. Eu já havia feito reservas no Sanctuary (um projeto em que ele trabalhara pessoalmente). Ele disse a Allison que queria que eu levasse uma foto sua e a pusesse sobre a mesa. Disse que rosas viriam até mim.

Depois da consulta com Allison, fui para casa. Minha irmã me esperava com uma dúzia de rosas sobre a mesa. Então, perguntei a ela: "Por que me comprou rosas?".

Ela respondeu: "Não sei. Estava na loja com umas flores na mão para lhe dar, mas alguma coisa me fez voltar, devolver as flores que estavam comigo e comprar as rosas para você".

Então, confidenciei a minha irmã o que Allison havia dito mais cedo. As duas sabíamos que era Brent.

Naquela mesma semana, saí para jantar no restaurante que meu marido ajudara a construir e, na mesa, havia rosas esperando por mim. Não sei quem mandou, nem de onde vieram, mas suspeito que Brent tenha tido alguma relação com minhas flores. Em todas as outras mesas, não havia flor nenhuma. Bridget e eu não nos esquecemos de levar a foto dele conosco, para sentirmos como se ele estivesse jantando conosco.

Allison disse a mim e a Bridget que Brent queria que viajássemos juntas para o Havaí.

Depois do verão, minha filha e eu havíamos conversado, caso fizéssemos uma viagem, para onde seria? Bridget disse: "Quero ir para o Havaí".

Disse-lhe que não sabia se ela lembrava que o pai dela e eu havíamos feito uma viagem de duas semanas para o Havaí no primeiro aniversário de casamento. Estava grávida dela fazia sete meses.

Allison perguntou se havia mais alguém que quiséssemos que se manifestasse. Respondi que sim: minha filha. Na mesma hora, ajudou Lindsey a se manifestar. Disse achar que ela tinha 7 ou 8 anos de idade. Lindsey "estava muito feliz, brincando com animais". (Ela adorava animais.)

Disse que havia uma mulher mais velha com ela, de óculos. (Minha avó, acho.)

Allison disse: "Ela adorou os balões que recebeu no aniversário e se sentiu muito comovida de ver todos os amigos juntos". Nos dois últimos aniversários, todos os amigos dela se reuniram para comemorar o que decretaram o "Dia da Lindsey", quando levam um bolo enorme e balões. Soltamos juntos os balões em frente à escola, onde um muro comemorativo e dois bancos foram erigidos em honra dela e do pai.

Allison disse: "De início, Lindsey sentiu medo quando passou para o outro lado, mas depois seu pai a pegou pela mão".

Allison contou o que Lindsey dissera: "Ela se deita com você à noite, em sua cama, com a cachorra dela, Sara, e não gosta de vê-la chorando tanto. Sabe que você deixa a tevê ligada, mas que não a assiste". Toda noite, a cachorra de Lindsey dorme comigo. Olho a tevê, alheia ao que está passando. Costumava chorar, agradecendo a Deus por conseguir sobreviver a mais um dia e desejando que Ele me levasse naquela noite.

Lindsey quer que Bridget saiba "que ela sabe que as duas brigavam, como costumam fazer as irmãs, mas que a ama e que não há necessidade de ela se sentir culpada". Bridget discutira com a irmã dois dias antes do acidente e estava enfrentando dificuldades para perdoar a si mesma.

A senhora mais velha está lá, com ela, e está querendo saber se há algum problema em Lindsey ir brincar um pouquinho.

Bridget perguntou a Allison se podia ajudar sua melhor amiga a se manifestar.

Tawnee se manifestou. Allison disse a Bridget: "Ela gosta de estar lá, com seu pai, mas está preocupada com a mãe dela e pede que, por favor, olhemos por ela". A família de Tawnee havia passado por uma fase bastante difícil.

Ela disse a Bridget que, quando os cães latem sem motivo nenhum, é ela falando conosco. Ela os faz latir. Os cães continuam a latir sem motivo nenhum. Agora, apenas dizemos: "Estamos ouvindo, Tawnee".

Tawnee "adora a tatuagem que a mãe fez dela. Adora a borboleta com seu nome escrito".

Allison perguntou se tínhamos alguma pergunta.

Perguntei por que continuava tendo sonhos com Lindsey em que ela tem 7 ou 8 anos de idade e por que, quando Allison a ajudou a se manifestar, era essa sua idade. (Lindsey tinha 11 anos quando morreu.)

Allison fez uma pausa e respondeu: "Lindsey diz que, à medida que ela crescia, as coisas começaram a parecer cada vez mais confusas, de modo que, quando morreu, voltou a ter a idade que tinha quando foi mais feliz". Ela gostava de quando era pequena e mimada, mais ou menos entre os 7 e 8 anos de idade. Nos dois últimos anos, nos vários sonhos que tive com ela, Lindsey sempre aparece mais nova do que quando morreu.

Gostei de minha consulta e a relembro com a certeza de que minha família permanece verdadeiramente unida.

Para todos que acabam tendo que encarar as próprias perdas, o melhor conselho que posso dar é que tentem estabelecer contato com outras pessoas que enfrentaram provação semelhante. Embora vocês se sintam completamente sós, tem sempre alguém que provavelmente passou por uma perda muito parecida.

■ A perspectiva de uma médium

Lembro-me de quando conheci Karla e a filha. Trata-se de uma mulher notável, necessitada de falar com o marido e uma filha menor. É isso que faço, portanto ela encontrou a pessoa certa. Dei tudo que podia na consulta com ela, na esperança de que fosse suficiente para aliviar parte de sua dor. Lembro-me de sentir a dor da família, mas — mais do que isso — senti o amor que nutriam uns pelos outros. Quando revivi o acidente de carro e repeti os detalhes para Karla, lembrei o quanto a vida é frágil.

Fiquei admirada de que tanto Karla quanto Betty tivessem consultas cruciais em setembro, e voltei a entrar em contato com as duas, para meu livro, em setembro. O marido e a filha de Karla aniversariavam em setembro, o que vim a saber na consulta, e Betty perdeu o marido em 11 de setembro de 2001. Assim, era razoável supor que acrescentar suas histórias ao livro num mês de setembro seria uma homenagem àqueles que elas amavam. Também fiquei impressionada com as coincidências que tiveram que ocorrer para Jason chegar até mim e para me levar de volta a Karla e Betty. A menção a Betty nas consultas de Karla — para quem aquela era uma completa estranha —, um ano antes de escrever este livro, me dá a impressão de que Bill, Brent e Lindsey já sabiam que fariam parte do livro que reuniria seus entes queridos. O fato de eu voltar a entrar em contato com Karla mais de um ano depois da consulta — e nada menos do que por intermédio de Jason Sherman e um furacão — é por si só fabuloso.

Acho importante saber a história de uma pessoa para compreender melhor a nós mesmos. Não quero dizer que, se você não levar uma multa de trânsito durante toda a vida, terá reservado um lugar melhor do que o de todo mundo. Não quero dizer que quem já sofreu uma perda poderia evitar o falecimento se orasse com mais fervor ou fizesse um pacto com Deus para impedi-lo. Eu própria tentei e não funcionou; mesmo com tudo isso, meu pai faleceu. O que Karla "colhe" é fruto de sua vida com Brent, e ela soube dar valor a isso. Ela o absorveu emocionalmente e, agora, reconta carinhosamente a vida com ele. Lembro-me de quando lhe dei consulta, numa época em que ela tentava assimilar a enorme perda. Ela não estava somente enlutada pelo amor de sua vida — coisa inimaginável em si —, mas também estava sofrendo pela perda de sua menina, Lindsey, e da melhor amiga de sua filha.

Penso nas inúmeras vezes em que vi pessoas se recuperando após uma grande perda e fico admirada. Vejo-as abastecidas pelo amor que ainda nutrem pelos entes queridos que partiram cedo demais. Pessoas que vivem bem acabam morrendo igualmente bem. O que quero dizer com isso é que elas deixam para trás gente que sabe o quanto é forte e duradouro o amor que partilharam. Quando você se dá ao trabalho de mostrar aos outros o quanto são importantes e vive bem sua vida, converte-se em alguém com quem as pessoas aprendem; ao olhar as próprias vidas, se lembrarão de fazer com que elas tenham importância.

Não digo isso para convencê-los a viver uma vida impecável. Meu pai, por exemplo, voltaria atrás em algumas das decisões que tomou. Quando me sentava com ele antes de sua morte, ele pedia desculpas por não haver comparecido a meu casamento, por causa de uma desavença com minha família. Como ele disse isso em vida, do mesmo modo como eu adoraria voltar a passar aquele dia com ele, já não carrego mágoa no coração por causa do dia de meu casamento. Ele a removeu com um simples pedido de desculpas e a admissão de que, naquela oportunidade, faria diferente. As desculpas ele apresentou no funeral de minha tia Olivia. Depois, disse: "Nunca se sabe se o próximo não será seu próprio funeral".

E foi — o dele.

Vejam como é fácil viver e morrer bem. Meu pai consertou uma coisa que me incomodou em vida e que teria me remoído ainda mais depois de sua morte. Ele viveu bem porque pôs o ego de lado e pediu meu perdão. Em geral, quando se ama alguém, não se precisa de nada além de um "Desculpe".

Brent ama Karla, e ela sabe disso e sabe que ele ainda está com ela. Brent viveu a vida com sabedoria. É possível constatar, pelo que Karla escreveu em sua homenagem, que ele fez o certo. Aprenda suas lições em vida, ame enquanto estiver aqui, engula seu orgulho. Ame-se o bastante para permitir que outros entrem em sua vida e o amem também. Cinco minutos depois de terminar a sessão com Karla, fui para fora, e uma *enorme* borboleta voou em volta de minha cabeça. Minha menina de 8 anos de idade disse: "Mamãe! Olhe a borboleta. Ela pousou em sua cabeça".

Joe confirmou o tamanho dela, e voltei a me sentar pensando no telefonema que acabara de receber de Karla, meia hora antes do encontro com a linda borboleta. Ela falara do pássaro e da enorme borboleta que haviam revoado bem perto enquanto escrevia sua contribuição para o livro. Sabia que lhe foram enviados por seus familiares. Pessoalmente, acho que a borboleta era sua filha, o pássaro acho que era seu amado. Mas é só uma impressão minha. Karla é quem sabe melhor do que ninguém.

CAPÍTULO 3

*MEDIUM**

Incluí este capítulo em proveito de todos os fãs de *Medium*. Não é incomum me perguntarem: "Aquilo aconteceu mesmo?".

Ou seja, o que acontece nos episódios acontece na vida real? A resposta é: depende do episódio de que se está falando.

Primeiro, gostaria de agradecer aos fãs pela recepção calorosa. Já ouvi dizer que milhares de vocês se identificam com minha personagem, Allison, com Joe e com suas filhas. Agradeço e também me identifico com a sensação de vocês, de que, enfim, podem ver que estão igualmente conectados. Também ouvi dizer que muitos dos que perderam alguém que amavam exprimem o quanto é bom saber que os falecidos continuam com vocês.

Incluí alguns dos muitos episódios da primeira temporada de *Medium* sobre os quais me fazem perguntas. Espero que isso satisfaça a todos os interessados.

Posso entender a curiosidade suscitada por programas baseados em pessoas reais e o desejo de saber o quanto têm de paralelo com a vida da pessoa real. Acho que tanto o programa quanto meus livros são fontes com que muita gente se identifica, uma vez que todos nos sentimos de certo modo mal-interpretados e, até, sobrecarregados por sermos quem somos. O programa tem a vantagem dos notáveis redatores, que conseguem captar o mundo como visto

* Seriado de TV inspirado na vida da autora e exibido no Brasil pelo canal Sony. (N. da T.)

pela ótica de meus familiares. E embora minha família pareça peculiar, na verdade temos que enfrentar vários dos problemas que afligem toda família.

De fato, na maioria dos episódios, pelo menos um enredo tem correspondência com minha vida. Às vezes, é a história envolvendo o relacionamento familiar, em vez da investigação. Por exemplo, Joe tenta me surpreender com uma viagem de presente de aniversário e eu retiro de sob a cama uma mala pronta. Joe nunca consegue me surpreender com um presente, pois sei do que se trata e, em geral, o quanto custa. Já são treze anos de exemplos assim, que o programa pode aproveitar e eu posso partilhar com vocês, de modo que decidi partilhar um recente. Em setembro de 2005, íamos à entrega do Emmy.[1] Joe comprou um lindo anel para me fazer uma surpresa. Olhei para ele e disse de imediato o preço do anel até o último centavo, o que o deixou boquiaberto. Ele disse brincando: "Saia de minha cabeça, Allison!".

É possível que eu seja surpreendida, contanto que ele não me diga: "Duvido que descubra o que trouxe para você".

O único efeito é fazer minha mente divagar, e disso resulta o surgimento de um objeto em minha cabeça. Muitas pessoas que conseguem prever eventos futuros ouvem as motivações e os pensamentos dos outros, do que resulta o surgimento de uma imagem do objeto em questão em nossas cabeças. Por isso, disse a Joe muito tempo atrás: "Se você não trouxer à baila, em geral sou capaz de ignorar as imagens de suas surpresas que surgem em minha psique".

Ele teve que aprender como é estar casado com alguém de quem não se pode esconder presentes num armário ou debaixo da cama. Diferentemente da maioria dos maridos, ele tem que se preocupar em escondê-los de mim até em sua cabeça. Quando toquei o anel e soube exatamente o quanto custava, eu mesma fiquei espantada co-

---

1. Prêmio concedido pela Academy of Television Arts & Sciences, dos EUA, aos melhores programas de TV. (N. da T.)

migo. Achei a surpresa maravilhosa, e ele fez um belo trabalho escondendo-o de mim, a não ser pelo fato de eu haver passado algumas semanas com uma sensação de logro associada a ele. Para mim, o logro é assim como quando você sabe que está dizendo uma mentira ou meia-verdade e sente como se todo mundo o encarasse, por não acreditar em você. Comigo, a sensação é seguida do afogueamento do rosto. Quando estou sendo lograda, sou tomada das mesmas sensações de como se eu mesma estivesse cometendo o logro. São os sentidos de meu corpo me dando o alerta. Fiquei feliz quando ele me entregou o anel porque a sensação de logro foi embora. Ufa! Sorte dele eu estar preocupada escrevendo este livro, por isso não permiti que essas sensações me deixassem firmemente decidida a chegar ao fundo de seu segredo.

No Natal passado, Joe voltou a cometer o erro de dizer: "Duvido que descubra o que trouxe para você". Disse imaginar que, se esperasse até o último minuto para escolher meu presente e comprá-lo, não teria imagem em sua cabeça que eu pudesse ver. Assim, quando ele me fez a pergunta, não pude me conter. Sorri, corri para ele e me atirei em seus braços.

"Você comprou uma máquina de *frozen margarita*! Mal posso esperar para convidar meus amigos."

Voltei os olhos para cima e vi seu desapontamento. Senti-me mal e disse: "Desculpe, Joe".

Ele voltou os olhos para baixo e sorriu. "Fico feliz por gostar do presente. Sei que você gosta de receber amigos. Além disso, você ficou surpresa quando viu a imagem em minha cabeça."

É verdade. Afinal, sou surpreendida de um modo ou de outro, o que me faz sentir o mesmo súbito inicial de euforia que todo mundo sente. Joe é incansável no esforço de me surpreender, e estou sempre aguardando ansiosamente pela próxima idéia. Quem sabe da próxima vez faço uma cara-de-pau melhor e pareço surpresa?

Quando assistirem a *Medium*, relaxem e desfrutem de um ótimo programa de TV, certos de que estarei assistindo com vocês.

Como diz Glenn Caron, criador do programa, meio de brincadeira, meio a sério: "Allison, as engrenagens da Justiça giram devagar, e não se pode trabalhar nos casos com rapidez suficiente para preencher todos os episódios".

Nem todos os casos do programa são casos em que trabalhei, entretanto não são os casos em si que importam para o enredo, mas o modo como afetam minha personagem e sua família. Uma das facetas mais importantes de *Medium* é mostrar uma família aprendendo a lidar com o que aparece no caminho e se tornando mais unida e fortalecida em conseqüência disso.

Só os fatos

No episódio de estréia de *Medium*, sou estagiária no gabinete da promotoria pública. De fato, é verdade: cumpri estágio no último semestre da Arizona State University, onde conheci o homem a quem me refiro como "chefe" com muito respeito, maravilhosamente retratado por Miguel Sandoval. Glenn conheceu o verdadeiro promotor, e os dois parecem pensar bastante um no outro. Também penso bastante neles dois.

Uma de minhas funções como estagiária era organizar as fotografias das cenas de crime e, enquanto fazia isso, percebi que podia ver lampejos do que acontecera antes de a vítima da foto haver sido morta. Também conseguia ver detalhes associados ao assassino, como nome, carros, cúmplices, motivo etc. Era amedrontador, e não sabia ao certo o que fazer com o que via. Quero dizer, não é que já não houvesse visto coisas que ocorreram em minha vida na forma de lampejos de imagens na cabeça, mas acho que, uma vez que jamais havia sido exposta a fotos reais de cenas de crime, os lampejos pareciam completamente novos para mim. Brincava com a idéia de que talvez eu fosse apenas uma mãe de três meninas, sobrecarregada de trabalho e necessitada de descanso. Parecia plausível, mas não explicava tudo que estava acontecendo comigo. Nem tinha certeza se queria explorar a possibilidade de estar vendo lampejos do violento crime real. O primeiro episódio de *Medium* é um retrato bastante fiel do que aconteceu em minha vida de verdade.

De fato, sou casada com um engenheiro aeroespacial (cientista espacial) chamado Joe. Nós nos desafiamos intelectualmente e, às vezes, somos bastante brincalhões um com o outro. O relacionamento nas telas é bem como o nosso. É estranho ver um retrato de nossa relação exposto assim às críticas. Não mudaria o modo como Joe e eu nos comportamos juntos; para nós, isso funciona. As pessoas que nos conhecem dizem constantemente o quanto o relacionamento no programa é parecido com o nosso na vida real. Também temos três meninas fantásticas igualmente dotadas de meu dom, que acredito ser genético.

Enquanto estagiava, disse a Joe o que estava acontecendo comigo. Achamos que poderia ser útil testarmos a teoria, para confirmar se eu estava só "vendo coisas" ou se era algo muito maior. Assim, escolhi três casos de assassinato/desaparecimento ao acaso e criei "resenhas" — um termo que uso para a prática de passar para o papel qualquer informação que me chegue que seja associada à vítima. Parte considerável de mim queria provar que eu não estava fazendo o que achava estar fazendo. Enviamos as resenhas por fax para distritos policiais de todo o país, sem esperança de termos qualquer notícia. Para minha surpresa, fui procurada pelo gabinete do xerife do Condado de Tarrant,[2] juntamente com os Texas Rangers.[3] Depois de algumas conversas telefônicas com eles, decidi ir até lá para ver se podia ajudar de algum modo. Ainda não estava bem certa sobre como tudo aquilo funcionava. Não tinha certeza de como ler todos os sinais, nem sequer se estava cogitada para fazer parte da-

2. Um dos 254 condados em que se divide o estado do Texas, EUA. (N. da T.)

3. A Texas Ranger Division é um órgão da Secretaria de Segurança Pública do estado do Texas, EUA. (N. da T.)

quele caso. Parti para Dallas cheia de nervosismo e hesitação. Os policiais me receberam no aeroporto, não numa pista de pouso privada, como aparece no programa. Quem me dera!

Para me testar, levaram-me a áreas onde a vítima haveria sido "potencialmente" levada. Então, disse ao policial: "Ele não trouxe a criança para cá".

Alguns minutos depois, o policial admitiu que já sabia aquilo, pois cães farejadores haviam sido levados àquela região antes de minha visita. À época, senti-me um pouco zangada com o tratamento, mas era ingenuidade minha achar que não seria testada pela polícia. Contudo, tínhamos pouco tempo até o pôr-do-sol, e eu queria cobrir a maior extensão de território que fosse possível. Os testes estavam me fazendo perder tempo. Além do mais, era meu primeiro caso, por isso sentia-me insegura quanto ao que exatamente esperavam que fizesse ou o que deveria esperar do distrito policial. Aquilo era frustrante, assustador e estimulante — tudo ao mesmo tempo. Em cinco anos e meio desde a primeira resenha, depois de milhares de testes pessoais, cheguei à conclusão de que é próprio da natureza humana desafiar os outros. Hoje em dia, tento não levar para o pessoal.

De fato, contei ao xerife que o autor do crime havia partilhado informações com o sujeito da cela vizinha, coisa que também era do conhecimento da polícia, mas que não podia ser usada no tribunal. Infelizmente, minhas informações sozinhas não bastam para reparar injustiças. Temos que trabalhar nos limites da Lei. Também temos que contar com o auxílio de uma força superior, que pode ter em vista um plano maior cujo escopo completo nem sempre conseguimos ver. Nem sempre sabemos como a vida de uma pessoa será alterada por uma grave série de eventos.

O verdadeiro xerife no enredo do primeiro episódio tinha, de fato, um problema cardíaco, sobre o qual conversei com ele quando me disse: "Diga-me alguma coisa sobre mim".

A policial no carro caiu na gargalhada quando partilhei haver tido conhecimento de um defeito físico em seu coração, que exigia cirurgia e tratamento sérios. Aparentemente, o xerife fora submetido a uma cirurgia no coração um pouquinho antes de minha visita. Infelizmente, ele sofreu outro ataque cardíaco depois que fui embora. É possível que alguns desses detalhes vocês reconheçam do primeiro episódio.

De fato, houve um furacão Allison que varreu o local antes que fosse acertada a retirada dos cães farejadores. De fato, sucumbi a um ataque temperamental de cólera ao chegar em casa, em virtude de minha incapacidade de entender qual o bem que minhas habilidades faziam, uma vez que não conseguiam apontar os restos da criança texana. Também tive que lidar com o que ouvia dos pensamentos de Joe e sentir que ele não acreditava inteiramente em mim e não sabia o que pensar de mim. Olhava em seu olhos e eles pareciam incertos a meu respeito, o que era doloroso, pois jamais havia visto aquele olhar. Podia ouvir seus pensamentos se perguntando o que me dizer, como escolher cuidadosamente as palavras para não ofender. Na vida real, a experiência por que passamos com o acidente foi bastante parecida com a do primeiro episódio de *Medium*, em que nossos personagens têm uma discussão sobre se Joe acredita ou não em Allison, e ele duvida das alegações dela a respeito do que "vê".

Em agosto de 2001, fui a Dallas ser apresentada aos policiais do departamento do xerife do condado em que a criança desaparecida morava quando foi raptada. Também fui apresentada no aeroporto a uma ou duas carradas de Texas Rangers. Almoçamos juntos uma refeição adorável, num restaurante local de comida chinesa. Jamais me senti tão protegida quanto quando me vi acompanhada de dez a doze Rangers, xerifes e policiais na 7-Eleven, enquanto comprava um Big Gulp.[4] Às vezes, foi bastante intimidador assimilar que estava na companhia dessas autoridades, enquanto me esforçava para

4. A 7-Eleven é uma rede de lojas de conveniência com produtos de marca própria, como o Big Gulp: um refrigerante acondicionado em copos de 1 a 2 litros. (N. da T.)

entender minha visão e, ao mesmo tempo, me perguntava como diabos eu me metera naquela situação.

De fato, um corajoso policial teve a bondade e a segurança suficientes para ir a público em minha defesa em 2002, quando o canal 12 News, de Phoenix, exibiu uma reportagem sobre mim e alguns dos casos ocorridos no Condado de Maricopa[5] em que eu havia feito o levantamento dos perfis. O sargento encaminhou uma declaração pública ao canal em que dizia haver trabalhado comigo nesse caso em particular, de desaparecimento de criança, e que eu fornecera informações que o haviam "impressionado". Essas informações jamais foram divulgadas publicamente, como os cúmplices e os múltiplos veículos utilizados no crime. Uma vez que a questão é de registro público, ou seja, uma vez que seu nome foi mencionado no noticiário da noite, sinto-me à vontade para agradecer publicamente ao sargento Bobby Atteberry. Foi ele quem primeiro me contou do Alerta AMBER, do qual não ouvira falar até aquele dia. Acho que ele não tem idéia de quantas crianças ajudou ao partilhar a comovente recordação da morte de Amber Hagerman (raptada e morta no Texas), a menina que inspirou o Alerta. Falei da implementação do sistema no Arizona no livro *Don't kiss them good-bye*.[6] Tive oportunidade de dar início ao programa e servir na força-tarefa que o concebeu. Obrigada, Bobby. Conhecer você foi um momento crucial de minha vida, de que jamais esquecerei.

Um dos muitos Rangers que foram me apanhar no aeroporto naquele dia e estavam desejosos de apostar em minhas informações era Ted Poling, homem de uma bondade genuína e que havia claramente tomado como pessoal o caso da menina raptada. Ela afetou tão intensamente todos os agentes com quem travei contato naquele dia que estou certa de que, no fim do expediente, em seus

5. Um dos 15 condados em que se divide o estado do Arizona, EUA. (N. da T.)

6. Lançado no Brasil com o título *Não é preciso dizer adeus* (Rio de Janeiro, Sextante, 2006). (N. da T.)

corações, todos a levaram para casa consigo. Sei que eu levei. Acho que os agentes que fazem uso de perfis levantados legalmente por sensitivos deveriam ser aplaudidos por colocar a vítima em primeiro lugar e ignorar os do contra — que, a bem da verdade, são incapazes de fazê-los chegar um milímetro que seja mais perto da solução do caso.

Acho que qualquer pessoa de bom senso é capaz de compreender por que tenho a tendência a evitar divulgar os nomes dos policiais com quem trabalho, pois, obviamente, tenho que assegurar que essas pessoas bondosas não sejam importunadas por céticos sem mais o que fazer.

O modo como encaro isso é o seguinte: continuarei trabalhando nos casos, dando consultas às pessoas e ajudando quando puder, enquanto os outros discutem se isso é possível ou não.

Médium tamanho pequeno

Em outro episódio de *Medium*, minha filha do meio, Fallon, conversa freqüentemente com "uma amiga imaginária", que se descobre ser uma criança morta. Isso é verdade. De fato, ela passou por essa experiência. Na realidade, a amiga "imaginária" era uma menininha falecida. Fallon tinha 4 anos de idade quando isso ocorreu, e hoje, quatro anos depois, ainda a traz à baila às vezes. Minha filha costumava fazer com que reservássemos um lugar à mesa para a amiga incomum, e, sendo como somos, era o que fazíamos! Em *Medium*, seu encontro com a criança falecida se dá num parquinho; nossa menina conheceu a amiga "imaginária" nas aulas da pré-escola.

Ela também teve problemas para fazer outras amizades por viver muito ocupada brincando com a amiga "imaginária", de modo que Joe e eu começamos a nos esforçar para expandir sua agenda social. Vocês devem lembrar que nossos personagens no programa fazem o mesmo. Não foi fácil, pois Fallon vive definitivamente num mundo próprio, e, de minhas três filhas, ela é a excêntrica — mas amo de verdade e admiro isso nela. Desde então, ela fez quatro amigos que também são, eles mesmos, pequenos médiuns ou apenas crianças peculiares.

Esse é um de meus episódios favoritos. Gosto dele porque mostra a quem não é médium o que sofrem as crianças com dons mediúnicos quando tentam entender por que ninguém mais vê o que vêem. Para mim também foi uma satisfação, pois, quando criança, não tive ninguém que me orientasse a passar pelas dores crescentes de ser uma jovem médium. Esse episódio de *Medium* continuará abrindo muitos olhos, e torço para que encontre eco entre os jovens.

As personalidades de todas as minhas filhas são retratadas no programa de modo preciso. Minha primogênita, Aurora, cuja personagem no seriado é chamada Ariel, tem tudo de filha mais velha. É despachada. É benquista. É acostumada a vencer. Ainda não conhece suas limitações, pois vive atarefada dando o máximo de si em todo esporte que pratica. Ela fez da prática de azucrinar a irmã mais nova, Fallon, um hábito de que tentamos demovê-la, como no programa. E também herdou a habilidade matemática do pai — justamente como no seriado, a não ser pelo fato de que, lá, se descobre que a aptidão é resultado de ela pegar as respostas da cabeça de meu marido. Na realidade, ela é mesmo adiantada na matéria. Nesse particular, o pai tem direito de se vangloriar.

Minha filha do meio, Fallon, é uma espetacular cantora-mirim, uma menina de muito talento vocal e muito esperta para alguém tão pequeno. Quando ela tinha quatro anos, Joe e eu levamos as meninas para o quintal para observar as estrelas. Fallon olhou para a lua e disse: "Olha, é uma lua nova!". Joe olhou para mim e disse: "Allison, só dá para ver um pedacinho, é uma lua nova". Ela nunca se cansa de nos surpreender. E também é muito generosa. Quando estava na segunda série, a escola estava angariando dinheiro para comprar roupas e comida para um órfão. Fallon chegou em casa a toda velocidade, foi direto para o "esconderijo" onde guardava o dinheiro da fada dos dentes,[7] juntou tudo e perguntou se havia algum problema em entregá-lo à escola para dar ao órfão. É possível conhecer o caráter de uma filha desde tenra idade. Sou obrigada a admitir que ela me faz sentir orgulho e gratidão de ser sua mãe. Joe e eu pusemos um dinheirinho a mais para ajudar e ela ficou eufórica. Fallon mistura a comida no prato e faz bichinhos com o purê de batatas. É uma criança teimosa, mas sensível, e uma das mais cômicas que já conheci. E o que a torna ainda mais engraçada é que ela não tenta ser, apenas é.

Sophia é minha caçula. Todo mundo simplesmente a adora porque é miúda e cheia de vida, e lembra muito meu pai. É uma dançarina nata e adora brincar de se produzir. Seu quarto parece um conto de fadas. A pintura do teto faz parecer o céu. Uma noite, enquanto a colocava para dormir, disse: "Olhe, querida, parece o paraíso", ao que ela sussurrou: "Mamãe, acho que estou vendo os anjos". Vez por outra ela me deixa toda derretida, e, embora no seriado a personagem inspirada nela seja ainda muito nova, é possível ter um vislumbre da bonequinha que é minha caçula. Num medidor de fofura, as duas chegariam lá no alto.

Conforme minhas filhas começam a viver a experiência de seus dons, encaminho-as pelos diversos sentidos e explico como "ler" o que vêem e ouvem como médiuns-mirins. Sem sombra de dúvida, é especial para mim poder ser sua guia na vida e partilhar de seu entusiasmo quando elas me passam no placar, graças a uma previsão acertada.

Meu marido, Joe, é um brilhante engenheiro aeroespacial recém-aposentado por motivos óbvios. É alto, bonitão e sarcástico. No seriado *Medium*, Jake Weber faz um excelente trabalho retratando

---

7. "Quando uma criança perde um dente de leite, ele é colocado num local seguro (em geral, debaixo do travesseiro da criança, mas às vezes num oveiro ou debaixo de um tapete) e à criança é dito que as fadas o levarão à noite e deixarão uma moeda no lugar — ou, ainda, que o transformarão em moeda." *Oxford dictionary of English folklore* (Oxford, Oxford University Press, 2003). (N. da T.)

meu Joe. É verdade que Joe é louco pelas meninas. Em geral, é o único capaz de me falar de modo sensato e atenua minhas irritações com seu sarcasmo e seu humor, exatamente como no programa. Acho que contribuiu para elevar um pouco o padrão dos maridos no mundo todo, nada mal. Diferentemente do seriado, não é tão comum eu acordar gritando, e, na verdade, o sono de Joe é muito mais pesado do que o de seu personagem. Ele também anda se esforçando para desenvolver o maravilhoso "tanquinho" que Jake Weber exibe na região abdominal, no programa. O Joe de verdade ainda não chegou lá, mas não há por que se preocupar: ele compensa com sua risada contagiante e sua paciência imensa.

Ó, irmão!

O episódio de *Medium* intitulado "Lucky" ("Felizardo") mostra meu irmão Michael e seus esforços para tentar ao mesmo tempo entender e ignorar a habilidade de ver e ouvir os que morreram. Ele esteve no exército e foi à guerra, onde fez uso do instinto para voltar inteiro para casa. Tudo isso é fiel a Michael, meu irmão de verdade. Na vida real, ele é mais velho do que eu aproximadamente cinco anos. Não é meu irmão caçula, como no seriado. Além disso, meu irmão é muito mais inteligente do que seu personagem e não levaria para casa desaforo de ninguém! No entanto, é orgulhoso e, no fim, faz a coisa certa, como demonstra o personagem. Ele também não é fã de filmes pornô, como no episódio de *Medium*, mas tem sua queda pelas moças.

Meu verdadeiro irmão Michael digladia com suas habilidades. Ele vê imagens, mas ouvir quem morreu é algo que ainda precisa trabalhar. É capaz de ouvir as conversas, mas nem sempre consegue distinguir as palavras ditas. Posso imaginar o quanto deve ser frustrante. Ele também sabe quando algo acontecerá antes do fato. É dotado de um ótimo senso de perigo, bem como de um ótimo instinto no que se refere às pessoas e suas motivações, o que ajudou a trazê-lo de volta de uma guerra que matou alguns dos homens de patente superior de seu grupo. É muito valente e pode ser muito modesto. Foi difícil para mim assistir a este episódio. É duro ver bem diante dos olhos a dor e a confusão que há nos médiuns, até mesmo em meu irmão, que amo com ternura. Às vezes, conversamos sobre o que vemos e ouvimos vindo do outro lado, e acho que ajudamos um ao outro. Podemos fazer piadas de médium para médium. Não é nada fácil falar dessa habilidade com qualquer pessoa. Além disso, quem é dotado dela não é obrigado a fazer disso uma carreira. Às vezes, tentar entendê-la já é mais do que suficiente.

Como no episódio "Lucky", de fato, trabalhei num caso em que fui solicitada a me sentar diante de uma casa destruída por um grave incêndio e passar para o papel minhas impressões, para o gabinete da promotoria. Disse que vi uma mulher ser assassinada. Disse em que cômodo ela foi assassinada e quem cometeu o crime. Foi muito difícil me sentar em meu carro e escrever o que via e o que a vítima me dizia. Ora, no episódio "Lucky", a vítima era uma criança, mas, na vida real, a vítima era uma mulher adulta e o autor do crime, um membro diferente da família. São esses os tipos de detalhe que acabam alterados no enredo do programa para proteger os entes queridos ainda vivos dos falecidos. Nunca é fácil admitir que uma pessoa possa tirar a vida de outra sem sentir remorso, mas, infelizmente, é o que ocorre o tempo todo. É duro assistir a este episódio da primeira temporada de *Medium*, mas ainda é um de meus favoritos. Ah, e, no episódio, um amigo de Michael mata o comandante deles. Estou certa de que já adivinharam que isso não aconteceu na vida real, mas como ficção é legal.

Tal mãe, tal filha

Houve um episódio de *Medium* em que minha filha mais velha, "Ariel", trabalhou comigo num caso de assassinato envolvendo uma jovem. Embora isso haja ocorrido de verdade, não cheguei a partilhá-lo com os autores do seriado, de modo que esse episódio parcialmente semelhante ao de minha vida foi só uma sinistra coincidência. Na realidade, escrevi num pedaço de papel o primeiro nome da moça desaparecida e o entreguei à minha filha, dizendo que apenas escrevesse qualquer coisa que visse ou sentisse. Não que eu esperasse alguma coisa dela, mas queria saber se era capaz de levantar perfis.

Fiquei estupefata quando me devolveu o papel com um perfil do autor do crime semelhante ao que eu fizera. Ela olhou para mim e disse: "Mamãe, parecia que eu estava adivinhando".

Trata-se de um termo adotado pelos médiuns-mirins, porque os detalhes surgem em suas cabeças, e receber informação pode parecer fácil demais. Expliquei isso a ela e disse o quanto se saíra bem. Jamais partilhara com ela qualquer coisa sobre os casos de desaparecimento. De fato, eu havia acabado de passar o fim de semana com Laurie Campbell e Janet Mayer, que também fazem levantamento de perfis. Escrevi o mesmo nome em pedaços de papel, um para cada uma. Passamos menos de uma hora escrevendo nossas resenhas. Depois, revezamo-nos na leitura do que havíamos recebido. Muitas informações coincidiram e algumas agregaram dados diferentes, ótimas pistas, que partilhamos com o detetive que as solicitara. O interessante com relação a minha filha mais velha é que ela desenhou diagramas da rua em que morava o autor do crime que coincidiram com nossos próprios desenhos. Não é todo perfilador que desenha diagramas. Eu desenho e, ao que parece, ela também. Além disso, ela fez uma descrição correta do veículo do suspeito, pronunciando incorretamente a marca, o que me fez lembrar o quanto, na verdade, ela é novinha.

Aurora não viu nenhum detalhe pavoroso porque não tem na cabeça uma referência para as coisas que médiuns e perfiladores mais velhos vêem, graças a Deus. Fosse de outro modo eu não a deixaria fazer levantamento de perfis, para não vê-la submetida a isso. Sei que um dia isso mudará e ela terá na cabeça as referências com que comparar suas emoções e impressões. Não obstante, senti orgulho dela e fiquei impressionada com suas habilidades. Guardei a primeira resenha para seu álbum de recortes. Essa é uma das muitas coisas que fazem minha família diferente de algumas outras. Nem melhor, nem pior: só diferente.

Minha filha ainda hoje conversa com a criança assassinada e retransmite suas mensagens. Assim como eu, sente vínculos de amizade com os que morreram. Depois que se estabelece um vínculo com uma pessoa falecida, sente-se como se ela fosse uma conhecida, e, de tempos em tempos, ainda se pensa nela. Às vezes, ela volta a aparecer quando acontece algo com a pessoa viva a quem se deu a consulta em que ela se manifestou. O vínculo é especialmente mais estreito com quem falece de modo traumático, porque as informações partilhadas dizem respeito a sua morte, e isso é assunto para lá de pessoal.

No episódio de *Medium* em que minha personagem trabalha em conjunto com a filha para obter uma maior variedade de informações, a menina desaparecida ainda está viva. Na realidade, infelizmente, nossa criança desaparecida estava morta. É claro, isso significa que não investimos contra a casa para resgatar a menina ainda viva. Na vida real, dediquei muitas horas tentando levar o caso adiante, e acho que tive minha parcela de contribuição. Não faz muito, localizamos na prisão um suspeito que precisa ser investigado, um trabalho em aberto. Só quero trazer a menina para casa, para que seja enterrada, e me certificar de que os sujeitos responsáveis não possam machucar mais ninguém.

■ "Sogra"

Esse episódio foi particularmente importante para meu marido, Joe, pois falava de sua mãe e da perda de seu pai.

Gostei que esse episódio ilustrasse o que muitas mulheres já sabem, ou seja, como pode ser uma sogra. Nele, a minha, vivida por Kathy Baker (que adorei no seriado *Picket fences*), é viúva; minha sogra real também é. Achei lindo o modo como Glenn Carol mostrou o arrependimento de meu sogro ao morrer e perceber os erros que cometera, até mesmo o de não se fazer presente para a esposa o suficiente, do ponto de vista emocional. Minha sogra na vida real casou com o pai de Joe aos 19 anos de idade. Ele morreu de câncer quando ela tinha mais ou menos 58 anos. Como descrevi para Glenn, meu sogro era duro na queda. Era muito intelectual (graduado pelo MIT).[8] Além disso, sua disponibilidade emocional para a família não era lá essas coisas, mas a amava muito. De fato, ele gostava de fumar charutos, como é mostrado no episódio.

Desde sua morte, meu sogro de verdade passa um bom tempo perto da mãe de Joe, e só estabelecemos uma relação por insistência dele. Conheci-o depois de sua morte, não antes. Ele jamais hesitou em me dizer como fazer melhor as coisas. Mas tenho certeza de que, quando tive que passar nas aulas de Matemática para concluir a faculdade e pedi que "ajudasse", foi ele quem me mostrou as respostas para eu me formar. Na faculdade, passei raspando em Matemática; não tenho inclinação para a matéria. Ele também veio a mim passar mensagens para a mãe de Joe, incluindo um pedido de desculpas com informações sobre coisas que só ele sabia. Aquilo a irritou, porque envolvia um segredo que ela vinha guardando e que ele fizera o favor de estragar. Jim é dotado de um senso de humor travesso, e gosto disso nele.

A mãe de Joe gostou da visita que nos fez e da chance de partilhar comigo sua sabedoria quanto aos cuidados do lar — e tenho quase certeza de que houve momentos em que achou que a realização de algumas tarefas, como o preparo do jantar, não era eficiente o

---

8. O Massachusetts Institute of Technology é uma concorrida instituição de ensino dos EUA, de cujos bancos já saíram 63 prêmios Nobel. (N. da T.)

bastante ou que os ingredientes não estavam certos. Não creio que seja diferente de outras sogras, nesse particular; elas são bem-intencionadas. Todos a amamos. Foi bastante significativo para Joe assistir a este episódio de *Medium* e sentir algum conforto ao ver exposta na tela uma história que eu já havia descrito anos antes, quando seu pai se manifestou.

Não uma ciência exata

Não posso analisar cada episódio de *Medium* porque levaria uma eternidade. Por favor, tenham em mente que o seriado é inspirado em minha vida, mas não é minha biografia. Alguns episódios são apenas boas histórias e nada mais. Um que me ocorre é sobre um professor chamado Caldwell, que acha que o irmão morreu mas acaba descobrindo, muitos anos depois, que ainda está vivo. Trata-se de um personagem fictício, não baseado numa pessoa de verdade. Sim, é verdade que fui objeto de estudo de cientistas de verdade num laboratório universitário, mas o Dr. Caldwell é só um personagem criado por Glenn Carol e sua fantástica equipe de redatores. Os cientistas de verdade com quem trabalhei não se parecem em nada com o Dr. Caldwell e não serão retratados no programa.

Trabalhei em muitos casos em que a pessoa desaparecida era tida como falecida embora estivesse viva, na realidade. Não vivo sem esses casos, pois mostram que, no mundo, também há finais felizes. Assim, a verdadeira semelhança, creio eu, é que trabalhei em outros casos com o mesmo desfecho feliz, mas é só. Jamais fui estudada por um cientista especializado em distúrbios do sono, mas posso entender por que Allison (a personagem de *Medium*) se candidataria a esse tipo de estudo. Fico feliz que tanta gente haja gostado do episódio e tenho certeza de que Glenn deixará todos se perguntando quais personagens são reais e quais são criações dele.

A todos os fãs de *Medium*, obrigada por assistirem e partilharem de minha vida.

CAPÍTULO 4

CONVIVENDO COM OS DONS

Todas as pessoas que possuem dons intuitivos têm que aprender a entender os sinais. Para mim, a melhor maneira de ilustrar como um médium/vidente aprende é usando a mim mesma como exemplo. A todos vocês, com suas próprias histórias de prever a morte das pessoas, captar vibrações que os outros menosprezam e outros dons intuitivos, este capítulo vai reafirmar que não estão sozinhos. Recebo muitas cartas de pessoas que encontram consolo ao saber que, apesar de acharem que estavam isolados em seu dom, na verdade fazem parte de uma família bem maior. Meu pai sempre dizia "não faça apologias de quem você é". Àqueles de vocês que se sentem extremamente responsáveis por tudo o que os cerca e mesmo sobrecarregados por sua consciência e seus dons, eu faço uma sugestão. Tentem escrever "não faça apologias sobre quem você é" no seu espelho ou em algum outro lugar que vai ver ao acordar de manhã. Isso vai servir para lembrá-los de desviar-se de qualquer vergonha que sintam perante as pessoas que têm a mente fechada.

Qualquer dito/mantra que o inspire normalmente serve como reconhecimento e é introjetado com tanta freqüência que se torna parte do que você é. Durante muito tempo eu mantive escrito em batom, no espelho do meu quarto: "Siga o seu destino!". Ouvi essa frase pela primeira vez no programa da *Oprah*, quando dois corredores olímpicos que vieram de um bairro turbulento explicaram como eles superaram as desigualdades e se tornaram as pessoas vitoriosas de um lugar onde a maioria delas nunca saiu. Eles me inspiraram a viver por aquelas palavras. Em vez de me esforçar para sair da cama, tentando adivinhar os obstáculos que eu teria que enfrentar, eu pulava dela pronta para "seguir o meu destino", fosse ele qual fosse.

Não há por que se envergonhar por simplesmente ser quem você é. Na verdade, você deve se sentir abençoado por ter o dom de conectar-se com os outros de uma maneira tão intensa. Em vez de dizer "é uma desgraça saber quando alguém vai morrer antes que a pessoa morra", tente dizer "Como eu sou feliz por me ter sido dada a oportunidade de dizer adeus a alguém que eu amo e às vezes até me permitir ser usada como instrumento para ajudar a salvar vidas".

Para aquelas pessoas que compartilham seus dons de outras formas, como ser a enfermeira de comportamento insuperavelmente amável que a maior parte de nós reza para ter quando nossos entes queridos precisarem, saiba que os seus dons são tão maravilhosos quanto o dela. Você tem que ser o dono do armazém que os mais velhos anseiam ver a cada semana porque você ilumina o dia deles. As pessoas podem ter vários dons. O que todos eles têm em comum é que o simples fato de serem compartilhados com os outros os torna significativos. Médiuns/videntes podem compartilhar seus dons de maneiras que não excedem os seus limites. Podemos ouvir os que precisam falar e juntar um pouco da nossa intuição com bons conselhos a alguém que precisa de um amigo. Há um tempo e um lugar para tudo, e para todos os dons — compartilhar só ajuda quando é bem-vindo.

Viver bem é em parte uma questão de perspectiva, e depois de ação. Se você tiver um momento de inspiração para melhorar a qualidade de vida de outra pessoa e não agir, na verdade não terá aproveitado em nada aquela idéia inspiradora. Portanto, saiba que está sendo guiado e dê o próximo passo. Além de ajudar alguém, você descobrirá a verdadeira definição do seu ser, uma definição que foi escrita há muito tempo, mas que está sendo vista pela primeira vez.

Você consegue sentir?

Insisto em que você preste atenção no que está em volta. Acho que muitos de vocês experimentam um sexto sentido aguçado todos os dias. Nada que vá ser visivelmente valorizado: você não vai nascer com uma marca de nascença especial; nenhum Mar Vermelho fará parte de você. Trata-se de uma capacidade humana em que pode aprender a confiar e acreditar totalmente. Você deve ser valorizado de dentro para fora, e não pelos outros. Eu acho que como seres humanos, estamos sempre duvidando de nós mesmos e nos punindo por coisas que estão além do nosso controle. Este capítulo ilustra a importância de confiar nos seus instintos e encoraja aos que sentem presenças a não negá-las.

Àqueles de vocês que "sentem" como se alguém estivesse ali atrás, ou "sentem" como se alguém estivesse aos pés de suas camas, ou mesmo sentado nela, no que diz respeito ao fato, espero que este capítulo fale com vocês. Vocês não estão imaginando uma presença. De fato, são pessoas sensíveis com a capacidade de "sentir" em grande escala. Vou tentar guiá-los através do entendimento de seu senso especial.

Algumas pessoas que estão lendo este capítulo, que podem ser capazes de sentir as doenças, precisam aprender mais sobre o que sentem. No meu primeiro livro, *Don´t kiss them good-bye*, contei que tinha seis anos de idade quando tive meu primeiro encontro espiritual; meu bisavô apareceu aos pés da minha cama depois de seu enterro. Contei que me sentia "agitada". Parte do que eu queria dizer tinha que ver com sentir a doença. Meu bisavô teve um câncer intestinal, o que não é uma boa forma de morrer. Eu me senti doente do estômago e tinha uma sensação quase estático-elétrica à flor da pele. Quando me tornei uma médium adulta, aprendi a reconhecer aquela sensação como algo que eu só sentiria quando estivesse na presença de alguém com câncer. Quando trago alguém que está morto, o falecido me faz sentir alguma coisa física conectada à causa da morte, quase como um cartão telefônico para identificar quem é para os vivos. Isso não significa que os mortos ainda sentem dor; não sentem. É só uma forma de comunicar quem são.

Também entendi que teria a mesma sensação quando eu estivesse em presença de uma pessoa viva com uma doença específica, como o câncer. Algumas pessoas não sabem por que sentem algo que não podem explicar ou definir, como uma doença ou confusão em volta de alguém. Muita gente que trabalha como profissional de saúde pode ter um certo jeito para essa sensação, em parte por estarem sempre expostos à doença, e aprendem a atribuir diferentes sensações a várias enfermidades. Todos nós somos indivíduos, portanto podemos sentir coisas de formas diferentes. O que eu sinto como um ataque cardíaco pode ser sentido de outra forma por outra pessoa intuitiva. Vou compartilhar o que parece para mim. Talvez seja a mesma coisa para outras pessoas. Se sua sensação é diferente da minha, não significa que você está enganado, só quer dizer que a mesma informação está vindo para você de outra forma. Quando eu sinto um ataque do coração em alguém que está vivo, é diferente do ataque do coração de alguém que já morreu. Na presença de alguém que morreu de um ataque do coração, eu me sinto se tivesse um leve soco no peito. Fico um pouco sem ar. É assim que o morto comunica a causa de sua morte para mim.

Se você experimentar essas sensações e não conseguir suportálas, faça com que a pessoa que as está transmitindo saiba que entende a causa de sua morte e peça ao falecido que se solte naquela mensagem. O falecido se sente bem com aquilo e só precisa ser lembrado às vezes de que está sendo perfeitamente entendido. Eles precisam saber que podem usar menos energia porque estão sendo "sentidos" pela pessoa viva. Você consegue imaginar como é frustrante para eles não serem ouvidos depois de sua morte? Eles aprendem a transformar sua energia o mais alto possível enquanto caminham por uma sala cheia de pessoas com fones de ouvido/tapa-olhos. Imagine o alívio deles. Quando são reconhecidos, podem baixar o volume se você lhes pedir. Se alguém que você ama e que morreu lhe atender, diga à pessoa que está contente que ela esteja ali e que adoraria ser orientado por ela na sua vida. Isso vai eliminar a sensação de frustração ou irritação que você talvez esteja sentindo da pessoa. Tudo o que os mortos querem é seu reconhecimento e sua aceitação.

Quando eu percebo um trauma cardíaco entre os vivos, vem em níveis diferentes de gravidade. O menos grave é quando a pessoa vai precisar ser medicada. Eu vejo e ouço "tratável". Às vezes sinto azia e visualizo como se fosse no peito, mas vejo que o dano ainda não é grave e pode ser tratado com dieta e medicamentos simples. Em outras palavras, não vai tirar a vida da pessoa dali a pouco, mas pode tornar-se mais sério, portanto recomendo que procure orientação médica. Às vezes são os estágios iniciais de obstrução de uma artéria ou placa que está se formando, algo que está apenas no início. Também digo às pessoas que sejam persistentes e não deixem de procurar um médico em quem confiem. Nunca duvide da sua própria percepção, principalmente quando tem que ver com o seu coração ou com o coração de alguém que você ama.

De vez em quando, tratando-se de um problema cardíaco mais grave, literalmente enxergo a cirurgia no futuro, ou a pessoa vestida com uniformes de hospital, mas também sinto uma "reparabilidade" em torno de seu coração, como se ela não fosse morrer imediatamente disso e ainda haja tempo. A intervenção é possível nesse momento porque os danos não são tão sérios.

O nível mais grave de doença cardíaca por que já passei foi com meu próprio pai. Eu estava me despedindo dele e, quando ele me abraçou, seu peito me pareceu pesado, como se o coração dele não estivesse batendo — o que naquele momento tornou quase impossível deixá-lo ir. Sua energia parecia ter desaparecido quase toda, o que significava para mim que a vida que ele ainda tinha era muito pouca e logo iria se esgotar. Infelizmente foi o que aconteceu. Há também uma sensação que tenho quando a pessoa tem poucos dias. É como se a história dela tivesse chegado ao fim e não há nada mais para ser "lido". Como ler um bom livro, saber que está quase chegando à última página e sentir-se infeliz porque está acabando. Você fecha seu livro e se sente confuso, perguntando-se que outras coisas maravilhosas poderiam acontecer se o livro pudesse durar um pouquinho mais.

Depois que você faz o que eu faço durante um tempo, aprende a medir o que uma pessoa tem de vida pelo nível de energia que percebe nela. Essa capacidade envolve prós e contras. Por um lado, você sabe quando precisa dizer e fazer todas as coisas que vão ter importância para você e para a pessoa que vai morrer. Por outro, está dizendo adeus toda vez que vê ou fala com aquela pessoa, e não tem a ilusão de pensar que tudo vai bem. Falei sobre isso no meu primeiro livro, *Don´t kiss them good-bye*, quando compartilhei a previsão da morte do meu próprio pai e minha incapacidade de impedir que isso acontecesse. Enviá-lo a cardiologistas durante dois anos não foi o bastante. Estranhamente, todos eles disseram que seu coração estava ótimo, mas não estava. Quando o tempo de alguém está no fim, está no fim, e seja qual for o motivo, somente algumas previsões podem ser afetadas pela intervenção. Eu contei a muitos clientes sobre os perigos que enxergava à frente deles, como um acidente de carro, ou sugeri que fizessem um raio X do tórax. Parece que posso tocar a maioria dos eventos de uma forma positiva, mas também existem coisas que não posso impedir. Tento me lembrar de ter fé que as coisas acontecem da forma que têm que acontecer, mas sou apenas humana. Encaro isso como a grama do vizinho que é sempre mais verde, e o que você precisa é apreciar sua própria paisagem.

No seriado de TV *Medium*, a personagem Allison DuBois vê as coisas ruins antes que aconteçam, e às vezes ela interfere a tempo, outras não. Quase sempre descobre que sua visão era parte de um quadro maior, que a vítima não tinha que ser salva. Minha vida não é diferente.

As únicas pessoas que lêem sinais são as intuitivas o bastante para reconhecê-los e aceitá-los como uma forma de comunicação do invisível conosco. Sinais, enviados por parentes ou amigos que morreram, vêm de diversas formas. Eles nos são enviados porque os mortos estão tentando guiar-nos pela vida. Pedi um sinal quando estava decidindo se seria médium profissional ou se era melhor estudar Direito. Não consegui a resposta na hora que esperava por ela, mas todo mundo pode ver que eu estou onde tinha que estar. Depois que pedi um sinal — e é aí que você tem que ter cuidado com o que você pede — recebi muitos. Enquanto dirigia, errei o caminho e parei atrás de um carro com a inscrição "oráculo" na placa de licenciamento. Em outra estava inscrito "médium". Depois passei um sinal que dizia "oráculo" e terminei numa rua chamada Campbell, que é o último nome de um outro médium que estudava no laboratório comigo e que hoje conheço muito bem. Foi assim que começou. Depois disso tantos outros sinais foram atirados no meu caminho que eu nunca mais perdi realmente o fôlego, e agora estou onde é o meu lugar. Foi frustrante. Mandei todos os formulários de inscrição para as escolas de Direito depois de verificar todos os dados por três vezes. Tudo foi enviado bem antes da data. Dois dias antes de o prazo acabar, recebi todos os formulários de volta pelo correio. Cada um tinha uma nota que dizia: "Está faltando alguma coisa", depois cada um deles continuava indicando um item que eu tinha verificado e mesmo assim diziam que não estava lá. Era algo diferente em cada formulário. Eu tive que fixar novamente aquelas palavras — "Está faltando alguma coisa" — e rir ou chorar. Olhei para Joe e disse: "Acho que não tenho que ir para a Faculdade de Direito".

Ele disse: "Estava me perguntando quanto tempo você levaria para chegar a esta conclusão".

Não me leve a mal, tenho orgulho de ser médium, mas quando sua mente está preparada para uma coisa, fica difícil enxergar outro quadro.

Ouvi histórias de outras pessoas que estavam mudando de emprego, não tinham certeza da direção a tomar, e pediram um sinal. Receberam um chamado, no mesmo dia, de um associado que começava um novo empreendimento comercial, perguntando se estavam interessados. Quando meu gato Sinbad estava doente, pedi um sinal para saber se eu devia "colocá-lo para dormir". Naquela noite sonhei que uma amiga minha, Domini, folheava o meu álbum de recortes, em seguida me acenava pedindo que eu a acompanhasse e atravessava uma porta. Eu ia atrás e me vi em pé no consultório do meu veterinário. Domini sorria para mim para que eu soubesse que tudo ficaria bem. Minha mãe levou Sinbad ao veterinário no dia seguinte. Eu não pude ir porque sabia que ele não voltaria para casa comigo, e isso me arrasaria. O veterinário olhou para Simbad e disse que ele tinha um câncer terminal e que sentia dor. Portanto, agimos como humanos e o deixamos ir. Não foi fácil, mas o sinal da Domini me fez saber que era a coisa certa a fazer e que ela tomaria conta dele. Os sinais vêm de muitas formas, por muitas razões diferentes. Servem de conforto e orientação quando prestamos atenção neles. Se você tiver sorte o bastante para receber um sinal, preste atenção. Às vezes, as conseqüências de ignorá-lo são pequenas, mas quase sempre repensamos e percebemos que poderíamos ter-nos machucado por ignorar um sinal enviado para nos orientar.

O dia 8 de maio de 2005 não foi apenas uma linda tarde de domingo, como também o Dia das Mães. Joe, minha mãe, nossas três filhas e eu fomos passear no shopping em busca de um sapato, porque tanto eu quanto mamãe concordamos que não havia nada mais divertido a fazer. Meu plano era pegar minha avó depois do passeio no shopping e levá-la para jantar. No caminho de ida, contei à minha mãe que queria pegar a avó Jenee mais tarde.

Minha mãe começou a brincar, dizendo: "Não tem outro jeito?". Ela tinha levado a vovó para almoçar mais cedo e estava fazendo uma provocação, como a maioria das filhas faz.

Virei para ela e disse: "Mãe, este é o última Dia das Mães da vovó — seria bom".

Entre as palavras *Dia* e *das mães*, um enorme pombo bateu na minha janela. Meu rosto e o pássaro estavam separados apenas por um pedaço de vidro. Ficamos todos completamente sem ação. Nunca atingi um animal com meu carro em toda a minha vida. O pássaro veio do céu e vôou diretamente para a nossa janela. Não era só o pássaro, era ele com as palavras que saíram da minha boca naquele momento. Eu estava falando da morte iminente da minha avó! Tinha recentemente falado com o meu irmão Michael sobre isso na véspera.

Ele disse: "Tem alguma coisa diferente com a vovó. Al, a vovó *estaaaaá* diferente. Eu sei que ela se vai este ano, mas não sei explicar o porquê deste sentimento.

Eu disse: "Michael, o sentimento é de que ela já se foi".

"É isso!" — disse ele. "Isso mesmo! É assim que parece".

"Michael, sempre que sentir isso no futuro, vai saber que os dias da pessoa estão contados. É assim que o médium aprende a ler as coisas".

Voltei rapidamente para a casa da avó, pensando nas coisas dela que eu tinha perdido. Tantas coisas. O fato de ela amar os beija-flores e sempre tê-los alimentado, durante toda a minha vida. Sua grande gargalhada e o brilho nos olhos sempre que Joe e eu levávamos as crianças para visitá-la.

Este, na verdade, era um Dia das Mães especial. Dei um toque de emoção para dar sabor ao dia. Ao olhar fixamente para minha avó do outro lado da mesa de jantar, lembrei-me dela me levando ao parque para dar comida aos patos e como ela amarrava meus cabelos muito apertado quando eu era pequena. Tão apertado que eu pensava que os meus olhos iam chegar nas orelhas. Tudo bem, estou exagerando um pouco, mas você sabe o que eu quero dizer. Entreguei a ela o meu presente do Dia das Mães. Ela adora dinheiro, portanto dava gritinhos de alegria enquanto pegava a bolsa. Puxou a foto de um vestido azul-claro, chapéu e bolsa, com um formulário de pedido. Explicava o quanto desejava o vestido, mas precisava economizar dinheiro para comprá-lo. Eu sabia para que era o vestido; era com ele que seria sepultada. Eu sabia, minha mãe sabia e até o Joe sabia.

"Vovó, posso ver?"

Ela me entregou o formulário em que já tinha preenchido todos os seus dados, e estava pronto para ser enviado e comprar o vestido que tinha adorado. Abri o flip do meu celular e digitei o número.

Minha avó disse: "Allison, o que está fazendo?".

Observei que ela tinha escrito o valor errado e queria ter certeza de que ela aproveitaria o vestido quando mais importava – *antes* do descanso final.

Quando sentamos para aguardar o jantar, fiz o pedido do vestido para a minha avó, e o sorriso que ela me deu não poderia ser mais largo. Todo mundo na nossa mesa estava emocionado em ver vovó tão feliz. Às vezes são essas pequenas coisas da vida que têm importância. Estou compartilhando isto com você porque quero que veja a minha vida e caminhe comigo. Talvez um dia você se identifique com as minhas experiências. Talvez já esteja se identificando.

Na primavera de 2004, fiz uma previsão. Disse que perderia minhas avós dentro de doze meses. Minhas avós são mulheres muito diferentes, nada parecidas. A avó Lesa (na verdade, a mulher do meu avô, mas eu a amo) era italiana, ardente e muito amável. Vovó Maria (a mãe do meu pai) era hispânica, adorava meu pai e gostava muito de cozinhar. A avó a que sou mais chegada, Jenee (mãe da minha mãe), é européia, alta, simpática, gosta muito de tocar piano e é médium.

Em outubro de 2004, minha avó Lesa faleceu, indo juntar-se ao meu avô Joseph, que eu adoro. Em dezembro de 2004, minha avó Maria morreu, encontrando-se com o filho, meu pai, junto a quem sei que é a pessoa mais feliz. Minha avó Jenee não anda muito bem, e estou tentando estar com ela, fazê-la saber o quanto significa para mim. Embora eu tenha sorte o bastante para ainda ter minha avó Jenee comigo, sei que não vai durar para sempre. Ela sabe que está chegando lá e brinca que é tão má que nem o inferno a quer. Isso me despedaça, e eu sei que não é verdade. Digo a ela que "ainda é necessária", e pronto.

Sempre digo a ela que não pode ir a parte alguma porque "senão eu vou virar a má da família", e caímos na gargalhada. O pássaro batendo no quebra-vento me assustou, como a todo mundo dentro do carro. Para mim isso é um sinal, e entendo que estamos perto de um fim. Por ora, simplesmente mantenho os dedos cruzados para que aquele Dia das Mães, quando aconteceu o incidente do pássaro, não seja o último que eu passo com a minha avó.

CAPÍTULO 5

O BEBÊ DE ALGUÉM

Este capítulo é dedicado a todas as crianças que perderam a mãe ou o pai. Não importa se tinha oito semanas ou oitenta anos de vida quando seus pais morreram, dentro somos todos crianças pequenas quando se trata do pai e da mãe. Alguns pais que trago nas leituras expressam arrependimento por não terem passado mais tempo com seus filhos. Eles dizem que as coisas seriam diferentes agora e que lá do outro lado eles tentam cuidar da gente, facilitar as coisas, se for possível. O problema de morrer e deixar para trás pessoas magoadas é que depois que você se vai o magoado não quer mais a sua ajuda. É por isso que eu digo às pessoas que quando se vive bem, se morre bem. Em outras palavras, quando estiver pintando o quadro da sua vida, certifique-se de que vai querer olhar para ele sempre, porque é o que vai acontecer. Isto não significa que não podemos perdoar as pessoas depois que morrem. Só que é melhor quando isso acontece enquanto ainda podemos abraçá-las.

Talvez o seu pai fosse o melhor do mundo porque era sempre aquela rocha durante suas tempestades emocionais e o seu travesseiro quando precisava de um lugar para chorar. Ou talvez tenha sido um daqueles homens que tiveram que aprender mais tarde o que é ser um bom pai. Talvez ele não soubesse dizer "Eu te amo". Ou, quem sabe, tenha perdido todas aquelas noites quando você era pequena, deixando de cobrir você. Com as mães é a mesma coisa. Talvez tenha recebido a bênção de uma mãe que merecia todos os prêmios. Talvez não tenha sido criado(a) pela sua mãe e não tenha tido contato com ela durante a vida. Seja como for, espero que este capítulo ajude a todos a lembrar que foram amados e adorados pelas pessoas que os trouxeram ao mundo. Mesmo aqueles que tiveram que ver com seus próprios olhos onde erraram e como podem ajudá-lo agora.

Como médium, fico contente de prestar minha assistência aos outros, ajudando-os a atravessar a dor depois de perder alguém que amam. Depois que meu pai morreu, descobri que precisava de consolo do outro lado e tive que aprender a aceitar a bondade das outras pessoas. Eu me acostumei, sendo médium, com a minha capacidade de fazer contato com o outro lado quando quero. Foi assim que planejei minha travessia quando meu pai morreu, porque era a melhor forma que eu conhecia de me curar. Agora eu aprenderia uma lição estranha, como aceitar a ajuda de que eu precisava de alguém cujo expediente era como um espelho do meu, mostrando a mim o que eu mostro aos outros, me colocando na cadeira do cliente.

■ Devo anotar o recado?

Quando meu pai morreu, em setembro de 2002, me descobri incapaz de vê-lo ou ouvi-lo durante um bom tempo, o que me frustrou enormemente. Recebi um chamado quase um ano depois que ele se foi de uma colega médium chamada Laurie Campbell, que fazia uma pesquisa. Ela me pediu desculpas por não ter ligado antes, mas acabara de saber que meu tinha falecido vários meses atrás. Seu próprio pai havia morrido recentemente. Falamos da frustração de sermos médiuns e não conseguirmos ver nossos próprios pais, tendo o dom de ver os mortos, como temos. Isso não era nada bom para nós, não pelo ego, mas porque vivemos na trincheira da vida e da morte em nossa profissão. Nosso trabalho é parte do que somos, bem como os nossos pais, e mesmo assim nenhuma de nós parecia ser capaz de comunicar-se com os próprios pais. Enquanto Laurie e eu conversávamos pelo telefone, ocorreu-nos que poderíamos ver e ouvir o pai uma da outra. Será que poderíamos também ouvir? Dar o desfecho para outro médium?

Laurie disse, confiantemente: "Allison, seu pai diz que ele prefere as louras".

Ela riu histericamente e eu também.

Respondi: "Laurie, você podia ter dito qualquer coisa sobre o meu pai, e disse a coisa mais determinante sobre ele. Meu pai *adoraaaava* louras e vivia repetindo isso". Ela continuou a falar sobre ele, que estava vestindo um *smoking* e como era elegante. Continuou a encher minha cabeça com detalhes muito pessoais sobre ele. Eu estava mergulhada numa onda de conforto que reconhecia como algo que estava acostumada a proporcionar aos outros, e então entendi porque meus clientes mostravam-se tão gratos após a leitura.

Eu disse a Laurie: "Também vi o seu pai, e ele estava quebrando e comendo nozes. Ele também se refere à sua filha Amanda como "Amendoim". Esse era o apelido pelo qual ele chamava a neta. O pai de Laurie gosta de dividir coisas comigo, como o que há na despensa de Laurie, ou que objeto está em frente a ela enquanto nos falamos ao telefone. Eu disse a ela que seu pai continuava falando sobre o homem na marinha e o nome Ronaldo o conectava. Ela confirmou que o tio dela (irmão da mãe) estava na marinha e seu nome era Ron. Continuei vendo um Chevrolet 1957 à minha mente, que estava conectado à família dela. Ela confirmou que pertencia aos seus pais e ainda tinha fotos do automóvel. Seu pai continuou falando sobre Santa Cruz, o lugar onde morava um membro da família, e eu transmiti a Laurie. Ela disse que sua avó tinha morado lá e eles iam visitá-la no Chevrolet 1957 quando Laurie tinha dois ou três anos. Seu pai, então, mostrou-me o relógio do Gato Félix com os olhos movendo-se para um lado e para o outro. Laurie disse que sua avó de Santa Cruz tinha um relógio daqueles na casa. Segui falando de salmão e ovos e seu pai disse que estava sempre preparando o prato, o que Laurie confirmou. O pai de Laurie falou muito sobre uma caçarola de presunto e batata assada que eles costumavam fazer. Isso era especial para Laurie, que ele falasse de algo que costumavam fazer para ele. O pai continuou falando sobre uma frigideira que a mãe de Laurie sempre usava quando lhe preparava ovos fritos.

Continuei vendo um gato em *patchwork* que o pai dela mostrava para mim e ela disse que tinham um. Laurie confirmou que a mãe dela tinha bordado o gato na casa em que ela crescera. Seu pai também contou que "Bill" estava sempre por perto, do outro lado, e Laurie me disse que esse era o pai do pai dela. Ele ainda disse o nome "Scooter", que também estava por lá, e este era o nome do gato da irmã de Laurie, que tinha morrido. Vi cavalos e botas de caubói relacionados ao pai de Laurie. A irmã de Laurie acabou ganhando um novo cavalo naquela época, que combinava com a descrição que o pai tinha feito para mim. Ele também disse que tinha que ir "para manter os filhos de Laurie aqui". Contei isso para Laurie. Embora não tenha feito sentido naquela hora, sendo médium ela sabia que algum dia faria. Dois anos depois da morte do pai de Laurie, ela descobriu que seu filho precisava de um transplante de coração. Laurie ficou naturalmente fora de si e disse: "Allison, será que ele vai conseguir um coração?". Respondi que sim.

Alguns meses depois, seu filho recebeu a oferta de um coração e tive um mau pressentimento sobre ele. Laurie compartilhava desse sentimento. Ela me ligou e perguntou: "Allison, acha que devo aceitar o coração? Se eu deixar passar, ele pode morrer antes que lhe seja oferecido um outro". É uma pergunta emocional e difícil de responder a um cliente fora do seu normal. Doía-me ouvir minha resposta à minha amiga: "Laurie, recuse o coração. É um coração fraco, e ele vai se tornar uma pessoa doente".

Ela recusou. E foi uma das decisões mais difíceis que já teve que tomar. Foi também uma das coisas mais complicadas que eu já tive que dizer. No dia seguinte Laurie soube que havia um problema com o doador — ele usava drogas, o que teria comprometido o coração. Apesar do alívio que sentimos, sabíamos que o filho de Laurie ainda precisava de um coração para o transplante.

Algumas semanas depois disso, Laurie estava ficando preocupada porque não tinha aparecido outro doador para o seu filho. Já estávamos em maio e Laurie me perguntou se eu tinha alguma idéia da época em que surgiria um novo doador. Eu estava com medo de errar a previsão; afinal, isso significava vida ou a morte para o filho de uma amiga. "No dia 4 de julho, Laurie, ele vai conseguir no dia 4 de julho". A semana do 4 de julho chegou e celebramos o quinto aniversário da minha filha mais nova. Havia garotinhas por toda parte e um bolo vermelho, branco e azul lambuzava seus rostinhos. Meu telefone tocou. Era Laurie: "Allison, eles têm um coração que combina. Vão fazer o transplante no dia 4, exatamente como você disse".

Dediquei a ela meu amor e minhas orações e desligamos. Seu filho fez o transplante e tudo correu bem. O pai dela o manteve aqui e o observou durante o transplante e depois. O pai de Laurie e o meu pai compartilhavam inúmeros detalhes, nomes, lugares e outras incontáveis informações que não dá para enumerar, mas sei que vocês podem imaginar.

Laurie ficou emocionada com as palavras do pai e sabia que ele estava ao seu lado, como eu sabia que o meu pai estava do meu, pelas informações dela.

O tempo passou, continuamos a ler uma para a outra e a rir com nossos pais, coisa que pensamos que nunca aconteceria novamente. Aquela experiência definitivamente nos ligava, e desde então nós quatro participamos de muitas conferências telefônicas.

Outra ocasião em que eu tive que colocar meu orgulho de lado e aceitar as palavras de apoio de outra pessoa me foi proporcionada não por outro médium, mas por um cliente.

Estava atendendo ao chamado de um colega numa tarde de domingo quando ele me pediu que fizesse uma leitura para um amigo dele. Normalmente não trabalho aos domingos, mas abri uma exceção. A cliente apareceu, uma mulher muito vibrante com uma aura de sabedoria. Eu a convidei para entrar e nós nos sentamos. Olhei para ela e disse: "Percebo que o problema é com o seu pai". Em seguida forneci detalhes especiais sobre o pai, que tinha falecido. No final da leitura, disse a ela que o meu pai também tinha falecido e que eu entendia a sua dor. É estranho quando você perde alguém que ama; às vezes você só encontra realmente conforto naqueles que trilharam o mesmo caminho. Para mim era outra filha que tinha perdido o primeiro homem que amara, seu pai. Você diria que este seria o final da história, mas não foi. Mais tarde, depois que a cliente foi embora, recebi um e-mail dela. Ela escrevia: "Sei que isto vai parecer loucura, mas depois que acabou a leitura e eu saí, enquanto dirigia de volta à casa, ouvi o que me pareceu ser a voz do seu pai, Allison. Ele estava cantando uma canção chamada *Last Dance*, acho que é da Donna Summer. Faz algum sentido para você? Sei que não conheço você nem seu pai, mas achei que tinha que lhe dizer, de qualquer jeito".

Sentei na cadeira do meu escritório e fixei o olhar nas palavras da tela do meu computador, como se as estivesse consumindo com os meus olhos. Isto faz sentido para mim? Pensei. Bem, deixe que eu diga o quanto isto significa para mim. Depois que meu pai morreu, toda vez que eu entrava no prédio, aquela música me vinha. Eu sabia que era meu pai dizendo que tivemos nossa "última dança". Quando fui trocar o nome na licença do carro dele, tirar o dele e colocar o meu, tive um dia particularmente difícil. Parei em uma pequena taberna para processar a minha dor, e como se fosse um relógio *Last Dance* foi a primeira música em que pensei ao sentar. Claro, chorei como um bebê, mas mesmo assim eu sabia que a música foi enviada com amor. Às vezes as coisas que nos lembram daqueles que amamos causam dor, porque a ligação do outro lado nos lembra que nosso ente querido não está mais aqui na terra conosco. Mais tarde, aqueles são os momentos de que precisamos. Não lembro o exato momento, mas depois de dois anos ouvindo aquela música e caindo em prantos, descobri que um dia a dor se transformaria em sorriso.

Por um instante me peguei sorrindo e me senti um pouco culpada, mas eu sabia que meu pai ia preferir que eu sorrisse quando pensasse nele, em vez de chorar. Daquela vez passei bastante tempo pensando, e acho que quando meu primeiro sorriso apareceu, estava completamente certa de que meu pai estava comigo porque o luto se fora e eu o recebia, sua energia e amor, a cortina entre nós caiu. Agora eu digo: "Ei, pai, é a nossa canção!", e eu sei que me ouve.

Meu pai foi profissional de dança de salão durante cinqüenta anos. Dançamos juntos pela última vez em setembro de 1999, na festa de aniversário de 60 anos do meu primo Juan. Minha família sabe muito bem como fazer uma festa memorável. Eu estava sentada com o meu marido, Joe, e o meu pai, em uma mesa redonda que me permitia o luxo de ver todos em volta dela ao mesmo tempo. Era uma noite calma, e corações leves tragavam os momentos que se uniriam como pontos, finalizando na última dança que tive com meu pai. Ele parou à minha frente: "Vamos dançar, Allison! Dance com o seu velho".

"Ah, pai! Eu não sou boa neste tipo de dança."

"É claro que é, você é minha filha".

"Ah é, o que é que eu estou pensando?"

Nós rimos e dançamos, meu pai com um enorme sorriso no rosto, e ninguém conseguia tirar os olhos dele. Seu sorriso contagiante tinha um efeito dominó pela festa inteira, lembrando a todos que ele nunca foi menos do que a alma da festa. Meu pai dançava comigo desde que eu era uma menininha, e como toda festa boa, sua vida chegou ao fim. Todos aqueles que amam alguém sabem o quanto uma canção pode ser importante e a força que tem para ressuscitar memórias e compartilhar bons tempos, como se estivessem realmente acontecendo.

Lembre-se de que, embora você talvez não seja "médium", isso não significa que um dia você não possa ter uma experiência típica de um médium. Tem gente que passa por algumas experiências fugazes, tem gente que só passa uma vez durante a vida. Encaro isso como qualquer habilidade; algumas pessoas têm mais talento que outras em determinada habilidade. Quando você tem dez anos, pode ter o time de futebol da sua vida, um jogo que ainda é uma lenda na sua família ou no seu bairro, que vai ser revivido durante gerações. Você venceu o jogo contra a cidade rival e virou herói por causa disso. Cresce e nunca repete a experiência, mas sabe que é possível, e reconhece a sensação. Outra criança de dez anos quer ser jogador profissional e por acaso entra na Calçada da Fama. Um é o herói do bairro e o outro está na Calçada da Fama, os dois experimentam seu momento de grandeza e folia.

São esses momentos que preenchem a nossa vida. Às vezes um momento de grandeza vem na forma de um cartão de aniversário feito em casa, pelo seu filhinho, para você. Não é um cartão comum, mas aquele especial que mostra o amor do pequeno por você, o amor que pode ser visto no sorrisinho manchado de suco quando ele lhe entrega o cartão que fez com todo o cuidado e orgulho. As pessoas trilham diferentes caminhos e sempre se perguntam por que não conseguem fazer algo que você consegue e vice-versa. É porque, às vezes, o sabor de uma experiência é tudo o que você precisava para saber que faz parte de algo maior e lembrá-lo do quanto adorava fazer parte disso.

Se receber uma mensagem do outro lado, não tenha medo de compartilhar. Minha cliente compartilhou meu pai comigo ao confirmar o sinal que ele me mandou através do título da canção. Apesar de não ser médium profissional, suas palavras significaram muito para mim porque eu sabia que ela tinha entregado uma mensagem dele. Nunca se sabe o quanto um detalhe aparentemente obscuro significará para quem recebe. Seja sensível à mensagem e às circunstâncias. Se for uma notícia ruim, que não vai ajudar ninguém, escreva a mensagem e jogue-a fora. Atire-a com força para livrar-se da negatividade. É como declarar com convicção que não vai internalizar a informação. A maior parte de nós tem consciência de que as más notícias podem manifestar-se fisicamente dentro de nós se carregarmos bagagem demais. Este é um bom exercício para quem precisa distanciar-se de uma situação ruim. Normalmente, os grandes problemas vêm com um nome, e escrever o nome e atirá-lo longe permite que você afirme sua decisão de se mexer. Comigo funciona!

Se é uma notícia otimista, espalhe. Verifique se quem vai ouvir está aberto para o tema vida após a morte. Se não souber se a pessoa está bem o bastante para ouvir, um sorriso afetuoso é mais adequado do que uma mensagem de quem morreu. Seja como for, valorize o dom da mensagem e a consciência de que não estamos sós.

Tive uma outra experiência depois que meu pai morreu que me trouxe muito conforto e funcionou como um exemplo brilhante de como os médiuns também podem ser bloqueados pela dor e têm que receber mensagens de seus clientes ou de outras fontes. Eventualmente, o sinal vai beneficiar mais gente do que o cliente ou o médium; pode ajudar a todos os envolvidos.

Tinha uma reunião marcada com uma mulher maravilhosa em novembro de 2004 para uma leitura. Era uma cliente e esta seria a última leitura que eu faria aquele ano porque em seguida viriam as festas de fim-de-ano e todas as demandas, a família, a estréia de *Medium*, a imprensa e tudo o mais. Joe pensou em remarcar a data da leitura, mas eu disse: "Tenho que fazer a leitura dela. É importante, portanto melhor não mexer na agenda".

Quando ela chegou, sentamos e trocamos cumprimentos. A mãe dela veio e compartilhei muitos detalhes pessoais que ela passava através de mim para a filha. Assim, enquanto permanecemos sentadas, rindo do efervescente senso de humor da mãe, minha cliente disse: "Allison, é muito bom e significa muito, mas eu gostaria que ela lhe dissesse o apelido que me deu".

Respondi: "Posso perguntar, mas só posso lhe dizer o que sua mãe me disser".

Assim, perguntei pelo apelido, me concentrei ao máximo para ouvir... e não ouvi nada. O silêncio era desconcertante; um momento longo e vazio. Na realidade, apenas um minuto se passou, mas parecia uma eternidade para mim. Pedi desculpas, porque podia perceber sua decepção.

De repente ouvi meu pai — eu tinha começado a ouvi-lo recentemente, dois anos após sua morte. Ele disse: "Allison, conte a ela o apelido que eu lhe dei".

Portanto, eu olhei para ela e disse: "Por algum motivo, meu pai quer que eu conte o meu apelido a você — ele me chamou assim por trinta anos, até morrer. É um tanto embaraçoso, no entanto".

Ela sorriu educadamente e disse: "Qual é?".

"Mindinha. Ele me chamava de Mindinha porque eu era muito magrinha quando pequena. Mesmo quando cresci, ele continuava me chamando de Mindinha".

Vi que ela ficou branca e me perguntei se havia dito algo que a ofendeu.

"Meu Deus! Allison, este é o apelido que minha mãe me deu!"

Bem, nós duas poderíamos ser derrubadas por uma pluma. Mindinha não é um apelido comum. Ficamos, ambas, estarrecidas. Olhamos uma para a outra durante alguns minutos, com sorrisos nas faces e lágrimas nos olhos. Isso aconteceu no final da leitura, e a colocou lá em cima. Nunca, enquanto eu viver, vou esquecer aquela noite. Nenhuma de nós sequer pensou que seria chamada daquele jeito outra vez, e nossos pais claramente trabalharam em conjunto para nos tocar e lembrar como os amamos e somos amadas por eles. Minha cliente saiu com a satisfação de saber que tinha visitado sua mãe aquela noite e ela tinha muito a dizer. Também compartilhou muitas coisas com a família viva, permitindo que soubessem, em primeira mão, que sua mãe tinha garantido que sempre estaria por perto.

Em setembro de 2005, enquanto eu terminava este livro, fui convocada para assistir ao 57º Emmy Awards. Patrícia Arquette foi indicada Melhor Atriz pelo seriado chamado *Medium*. Este foi um momento da minha vida que nunca vou esquecer, não apenas pela honra envolvida, mas porque meu pai me fez uma visita.

Estou sempre dizendo às pessoas para observarem as cadeiras nas reuniões familiares, porque, durante as festas, nossos parentes e amigos falecidos também querem estar presentes. Eles adoram participar das ocasiões especiais. Aparecem em volta das pessoas que lhes deram mais alegrias na vida. Às vezes aparecem em uma casa onde foram mais felizes, e principalmente vão aparecer se as duas coisas juntas acontecerem. A maior parte do tempo, suas visitas têm mais que ver com as pessoas que com a estrutura, no entanto. Eu acho surpreendente observar um espírito comum interagindo com os vivos. Há uma cadeira em que ninguém se senta; os vivos até andam em volta da cadeira e a olham como se houvesse algo em frente que não podem ver, mas sentem. As pessoas vão até preferir ficar em pé a sentar na única cadeira da sala que está vazia, e eles não sabem realmente o que está havendo. Bem, é porque a cadeira já está ocupada por um bem-intencionado espírito que deseja estar ali na festa, portanto deixem uma cadeira reservada para eles!

Isso realmente aconteceu comigo na entrega dos Emmys. Assim, eu estou na festa, e Joe e eu ocupamos nossos lugares e tomamos um drink. Estamos lá para assistir ao show inspirado na história da minha vida, e a mulher que me representa (Patricia Arquette) está lá por causa do prêmio de Melhor Atriz. É, estava difícil me segurar. Então, o salão está cheio de gente bem vestida, e eu sentindo um nó no estômago que me lembra o tempo todo do quanto estou nervosa. Queria que Patricia ganhasse, ela merecia e me representava, portanto eu me sentia no direito de querer.

Joe estava sentado à minha direita, no final da fileira. O assento do meu outro lado estava vazio; nem os espectadores que estavam na espera sentariam ali. Era um evento de três horas e o chefe do meu agente sentou-se por vinte minutos, na metade da noite, deixando em seguida a cadeira vaga, novamente. Olhei para o Joe e disse: "Não é engraçado que ninguém se sente aqui? Todas as cadeiras estão ocupadas, menos esta".

Até mesmo o agente que se sentou ali rapidamente parecia incomodado, inclinou-se ao meu lado e disse: "Vou até o lobby. Nos vemos mais tarde.".

A hora da verdade chegou antes que eles anunciassem a vencedora do prêmio de Melhor Atriz de seriados. O nó no meu estômago aumentou e eu disse: "Pai, eu sei que você está do meu lado esta noite e não duvido disso de jeito nenhum. Se a Patricia ganhar, vou saber que você, o pai dela e o vovô tiveram alguma relação com isso hoje, e nunca vou ter dúvida de que você estava aqui do meu lado".

As próximas palavras que eu ouvi foram "A vencedora é Patricia Arquette, de *Medium*"!

Gritei e olhei para baixo, para o anel do meu pai, que parecia tão fora de lugar na minha mão, e o esfreguei.

"Obrigada, pai, não pelo prêmio, mas por estar aqui comigo nesta noite especial. Sua presença significa muito para mim".

Beijei o Joe e recebi todos os afagos que me foram dirigidos, depois saímos para as fotos. Quando entrei na festa da Paramount/ *Entertainment Tonight*, vi Patrícia em uma mesa claramente formada por pessoas ligadas ao seriado *Medium*. Fui até lá e ela girou, me entregou o Emmy, me deu um grande abraço e disse "Obrigada".

Sem nenhuma resposta expressiva para dar, eu disse "De nada".

Aquele foi um momento inesquecível. Ela estava linda e aquela era a noite da sua vida, em que seu talento era celebrado. Posamos para fotos e recebemos um cálice de champanhe para brindar a ocasião; quando o meu copo e o de Joe se tocaram, a música *Last Dance* começou a tocar. Joe me olhou significativamente e fui forçada a sussurrar o resto da canção. Está bem, não fui forçada, mas como poderia resistir? No dia 22 de setembro de 2005, três anos depois que meu pai morreu, aquela música passou de uma dor a um momento de comemoração, numa noite que só acontece uma vez na vida. Embora eu sempre vá sentir falta do jeito que era quando ele estava vivo, ainda tenho o consolo de saber que quando é importante para mim, nos bons e nos maus momentos, ele vai estar ao meu lado. E não dava para ignorar que Patrícia é loura e meu pai tinha uma queda evidente pelas louras. Não pensem que aquele pequeno detalhe me escapou.

Nossos parentes, principalmente os pais, encontram muitas formas de cuidar de nós, mesmo depois que se vão. Vi isso com os meus clientes, e mesmo comigo. Em setembro de 2004, tive um pressentimento muito forte de que ia sofrer um acidente de carro. Portanto, diminuí a marcha, peguei rotas alternativas e, adivinhe, mesmo assim tive um acidente.

Às vezes somos avisados, mas isso não significa que podemos evitar. O aviso só nos ajuda a nos prepararmos para uma situação de insegurança.

Portanto, mesmo assim fui atingida por um caminhão, e fiquei realmente furiosa. Eu adorava o meu carro. Então liguei para o Joe e pedi que viesse me tirar do local do acidente. Claro, ele queria me levar para o hospital, mas eu sou teimosa como todo mundo na minha família.

E disse: "Joe, tive um abalo, mas estou bem. É só me acordar de vez em quando durante um dia ou dois".

Joe ficou muito aborrecido comigo, mas sabia muito bem que não ia conseguir me fazer mudar de idéia.

Saí para a varanda dos fundos e sentei para me recompor, o que não foi nada fácil. Olhei para o céu e disse: "Ora, minha cabeça foi atingida com força. Talvez eu não consiga mais ver ou ouvir os mortos".

Enquanto ria, nervosa, ouvi meu pai dizer claramente: "Você consegue me ouvir".

Quase caí da cadeira. Sabia que meu pai estava comigo durante o acidente porque podia senti-lo, mas aquela era a primeira vez em dois anos que realmente o ouvia. Quando deixei a cena do acidente, a primeira canção que tocou no rádio foi *Circle of Life*, do Elton John, e eu sabia que meu pai estava me dizendo que estava ali comigo, o que reforçava o que eu já tinha sentido. Papai costumava brincar de "qual é música". Eu era muito boa, como ele esperava que eu fosse. Portanto, ele se comunica muito comigo através da música quando estou passando por alguma experiência traumática.

A música se transformaria em algo especialmente importante para mim no dia 30 de agosto de 2005. Eu tinha passado dois dias com Craig, do *Guia da TV*, e Jennifer, minha agente da Paramount. Craig estava escrevendo a história de um dia na vida real de Allison DuBois. Minha vida nunca é monótona, portanto no primeiro dia eles me acompanharam até uma entrevista de rádio com Tim e Willy, da KNIX. São dois dos meus radialistas favoritos e eles estavam em Phoenix. Naquela noite Craig, Jennifer, Joe e eu jantamos com um casal de advogados do bairro, com quem trabalho. Fomos a um dos meus restaurantes preferidos, o Durant, em Phoenix; eles fazem o melhor bife e a melhor torta de morango que eu já experimentei!

Quando acordei no dia seguinte, disse ao Joe que estava me sentindo "distante" e irritada. Mais tarde, fui ao almoço de despedida de Craig e Jennifer. Meu celular tocou e era Joe: "*As meninas estão bem. Allison, tivemos um acidente. Precisa vir para cá*".

Craig correu para fora comigo e pulei no meu carro. O rádio começou a tocar quando acionei o motor. A música que tocava era *Circle of Life.*

Eu sabia que o meu pai estava me dizendo que ele estava com o Joe e com as meninas e que estaria tudo bem. Não deixei de perceber que a mesma música tocava um ano atrás, quase no mesmo dia, depois do meu acidente. Cheguei no local. Minhas duas meninas mais novas correram e me abraçaram com força. Meus olhos encontraram os de Joe. Eu vi que seu braço tinha perdido algumas camadas de pele. Trouxe muitos maridos e esposas que tinham morrido em acidentes de carro. Agora a sensação de perda dos meus clientes me pegou em cheio. Imediatamente percebi a minha sorte e agradeci a Deus por minha família estar bem. A senhora idosa que bateu no carro do meu marido estava sendo levada na maca pelos paramédicos. Ao que tudo indica não tinha visto Joe e entrou na lateral esquerda do carro. Enquanto ela estava sendo levada, minha filha do meio olhou para Craig e disse: "Tudo bem, ela não vai viver muito tempo mesmo".

Obviamente, Craig e Jennifer ficaram chocados. Minha filha mais nova, então, olhou para Craig e disse: "Ela tem uma TV na cabeça. Ela vê essas coisas".

Minha outra filha repreendeu com raiva a irmã mais nova por ter falado dela com os outros. Jennifer olhou para minha preocupada filha e disse: "Tudo bem, sua mãe também tem uma TV na cabeça".

É assim que alguns videntes e médiuns pequenos se expressam e é bom avisar aos pais que pensam que seus filhos têm um dom. Mais tarde, eu disse à minha filha: "Querida, não diga coisas como aquela sobre as pessoas quando vir que estão morrendo. É muito sério e você precisa ter sensibilidade".

No acidente, minha filha disse que sentia muito e, com o rosto vermelho, pedi desculpas a Craig e Jennifer, que nos deram muita força e foram extremamente compreensivos.

Joe olhou para mim e disse: "Além de ter me avisado nas últimas três semanas de que me viu sofrendo um acidente de carro, o que me fez ter mais cuidado, você me disse um ano atrás, quando eu comprei o carro, que me via tendo um acidente e que prestasse atenção".

Eu sabia que ele ia sofrer um acidente, o que eu claramente não podia evitar. Vi o pára-lama frontal, do lado do motorista, sendo atingido. É muito difícil "ver" algo que vai ferir alguém que você ama, mas, como era o Joe, eu sabia que meu pai estava dizendo: "Você não podia me salvar, mas eu posso salvá-lo". Sem dúvida, com uma piscada de olho. Obrigada, pai!

Esta é uma das formas que eles usam para nos mostrar que nos amam lá do outro lado, interferindo quando têm permissão para fazê-lo. Aliás, não fui a única que viu o acidente antes que ele acontecesse. Minha filha de oito anos também viu, na sua cabeça, naquele dia, na hora do almoço, bem antes que acontecesse, e ela disse ao pai: "dirija com cuidado".

Como nota de rodapé, só para vocês saberem, tive uma concussão e estou ótima. Joe também está ótimo. Eu disse a ele para deixar que eu fazia o papel de boneco de teste de acidentes e nunca me assustasse daquele jeito de novo. Nós rimos e nos abraçamos. Saiba uma coisa, aqueles que amamos e perdemos continuam a nos proteger e quando é preciso nos dão um rápido pontapé no traseiro. Às vezes é exatamente o que precisamos.

A perda de um dos pais é sempre trágica, mas é pior ainda quando os filhos não tiveram oportunidade de conhecer bem o pai ou a mãe, ou não tiveram tempo de construir lembranças que podem servir de consolo depois que eles se vão. Para essas crianças, os médiuns podem, às vezes, oferecer os primeiros e mais especiais detalhes de um relacionamento que o pai ou a mãe está construindo do outro lado.

EILEEN

Era o dia 29 de janeiro de 1970; meu pai caiu morto no chão, com um único tiro de revólver que alvejou sua cabeça. Eu era um bebê e descansava no berço, a alguns metros de distância de um pai que eu nunca conheceria. Com menos de quatro meses de vida, não era uma testemunha muito boa.

"Suicídio", disseram os policiais. Os mesmos policiais que durante anos prendiam meu pai por qualquer crimezinho que acontecia na cidade. A mesma força policial a que o irmão dele serviu. Sem investigação, sem rebuliço. Apesar de a mão que segurava o revólver não conferir com o lado da cabeça que tinha sido alvejado, todos concordaram: suicídio.

Nossa família conhecia uma outra história. Parece que em algum ponto ele tinha se tornado inimigo de um conhecido que fazia parte do crime organizado. Uma noite, depois de apanhar muito e de o terem deixado do lado de fora para morrer, meu pai, seus amigos, e a nossa família, todos fomos ameaçados. Disseram a ele que se ele mostrasse a cara num determinado lugar da cidade novamente não viveria até o próximo aniversário.

Parece que o meu pai não ligou para o aviso. Seu aniversário era no dia 30 de janeiro, mas ele não viveria para soprar as velinhas daquele bolo. Ele tinha tanto orgulho de ser pai, e estava realmente tentando mudar de vida. Estava prestando um serviço público, falando na rádio e na TV locais sobre as crianças nas escolas da região.

Todo mundo que conhecia Chris dizia que ele não tiraria sua própria vida. Hoje, seu irmão policial diz que nunca acreditou que sua morte fosse suicídio. Os amigos brincavam que do jeito que era vaidoso, com certeza não teria atirado no próprio rosto.

Vamos avançar a fita até 2 de outubro de 2004. Encontrei-me com Allison pela primeira vez. Depois de viver com esta dor no coração a vida inteira, desejei encontrar alguma paz. Esperei que ela confirmasse o que sempre acreditei que era verdade. Durante a minha leitura, meu pai "veio" e me pediu desculpas por eu ter que conviver com a vergonha que cercava sua morte. Ele queria que eu soubesse que "a mão" de mais alguém estava metida na morte dele. Disse que sabia o que viria e queria evitar, mas não conseguiu. Queria dizer que sentia muito por não ter estado ao lado da minha mãe, e sabia que ela não tinha estado ao meu lado também. Ele agradecia ao meu marido por me amar e compartilhar a minha vida comigo "do jeito que ele teria feito". Queria me agradecer por dar o nome dele às minhas filhas. Ninguém — disse ele — tinha feito uma homenagem tão especial a ele.

"Deu o nome dele a elas?", perguntou Allison depois da leitura.

De fato. O nome do meio de todas as minhas cinco filhas era o do meu pai.

Minha quinta filha nasceu vinte e nove anos depois que ele morreu, no dia 29 de janeiro, aniversário de morte do meu pai, quando eu tinha vinte e nove anos de idade. Ela nasceu espontaneamente (dentro da banheira) na mesma meia hora que constava do atestado de óbito dele.

Durante a minha leitura com Allison, meu pai me desejou feliz aniversário. As luzes da sala tremulavam. Todos olhamos para cima e Allison perguntou: "é o seu aniversário?". Enquanto eu respondia que sim, as luzes tremulavam novamente. Todos rimos.

A pessoa que tirou a vida do meu pai nunca será responsabilizada. Mas receber a confirmação de Allison me ajudou a preencher um espaço vazio com alguma paz. Eu sempre soube a verdade no meu coração, mas ouvir isso da Allison, logo depois de tê-la encontrado naquele dia, era impressionante. O fato de ela me contar detalhes únicos entre meu pai e eu era incrivelmente especial. Ela me deu um presente inestimável. Proporcionou uma retrospectiva dos últimos momentos de vida do meu pai, dando um fim àquele não saber que me torturava há anos. Ela também disse todas as palavras que eu esperei ouvir a vida inteira. Sempre serei grata a ela por isso.

■ Minha visão da leitura de Eileen

Peço aos meus clientes que não me dêem informações antes da leitura da pessoa que faleceu, seu relacionamento com o meu cliente ou a causa da passagem. O médium deve ser capaz de dar essas informações ao cliente. Eles podem sentir-se livres para confirmar e fazer perguntas depois que as informações iniciais já foram fornecidas, mas é necessário que o médium dê as informações primeiro. Torna a leitura mais atraente.

Eileen me viu em um programa de notícias, em Phoenix, onde eu estava sendo testada no ar, quando me pediram para ler uma pessoa selecionada pela estação de notícias. Depois de me observar, ela decidiu que queria agendar uma leitura. A leitura foi agendada para o dia 2 de outubro de 2003, coincidentemente meu aniversário de casamento. Antes de o cliente vir, sempre escrevo algumas páginas de informações que me são dadas pelo ente falecido. Quando encontrei Eileen e seu marido, Paul, tinha as informações que escrevera anteriormente sobre o pai dela e sua passagem em um bloco de papel que estava no meu colo. Eileen entrou no meu escritório – uma estátua, cabelos escuros, não apenas uma beleza clássica por fora, mas cada pedacinho do seu interior era lindo. Paul, seu marido, me lembrava o Joe. Ele apoiava Eileen, e era fácil perceber o profundo amor que sentia pela esposa. Eu disse a Eileen que estava percebendo a figura do pai que tinha falecido. Ele insistia muito que eu lhe dissesse que ele não havia tirado a própria vida e que nunca quis abandoná-la.

Também me mostrava uma transação com dinheiro que envolvia o seu assassinato. Ele conhecia o assassino e o deixara entrar em casa, sem esperar que seria a última pessoa que ele veria antes de morrer. Chris me mostrou o evento em câmera lenta porque não havia passado muito tempo e ele queria que eu sentisse a enormidade daqueles poucos últimos momentos de sua vida. Quando Chris me mostrou a cena, estava um pouco fora de foco e tive que fixar o olhar para entender porquê. Às vezes, quando a pessoa tomou alguma bebida alcoólica antes de morrer, pode influenciar a nossa visão, também. Isso só acontece quando eles mostram uma cena através de seus próprios olhos.

Chris me falou dos detalhes que cercavam sua morte, e eu contei a Eileen. Estou deixando alguns dos detalhes de lado porque pertencem à Eileen e não são compartilháveis. De todos os detalhes que o Chris me contou, acho que a informação mais importante é a da forma como morreu. Ele não cometeu suicídio; foi assassinado por um homem contratado. Ele disse que amava sua filhinha e nunca a teria abandonado por qualquer razão. Que ele estava no casamento da Eileen em espírito e a achou linda. Que se sentia honrado em ter cinco netas que usavam o seu nome. Ele passa muito tempo em volta delas, de todas as suas lindas netas, porém mais tempo e principalmente com a sua filhota.

Quando os espíritos me mostram um momento significativo de que fazem parte, às vezes é através dos olhos deles. Às vezes é só um panorama do local em que a ação central ocorreu. Quando envolve ganância, e uma transação financeira faz parte do porquê da morte, em geral me mostram uma bolsa preta cheia de dinheiro para que eu entenda o motivo do assassinato. Os espíritos encontram muitas formas de se comunicar, mas a meta principal com o médium é levar-nos ao entendimento do que estão dizendo e ajudar-nos a passar a mensagem àqueles que amam.

Perder um dos pais é como perder uma parte da gente. Todos os dias depois disso é um passo a mais na jornada que nos ensina a ter perseverança. Nosso amor pelos que perdemos nos incentiva a fortalecer nossa lembrança para que não nos esqueçamos de todos os pequenos detalhes de seus rostos, suas risadas, tudo o que nos traz eles de volta. As crianças encontram formas diferentes de curar-se ou pelo menos continuar a caminhar. Nós, que perdemos nossos pais, vamos encontrá-los de novo nos rostos dos nossos filhos ou em sonhos, onde eles fazem uma aparição especial. Para as filhas e filhos que ainda têm pais no mundo dos vivos, aproveitem cada Dia das Mães, cada Dia dos Pais, todos os momentos em que eles nos lembram de quando éramos pequenos, porque agora mesmo você está criando os verdadeiros momentos que vai reviver na sua mente, muitas vezes, mais tarde.

Ainda sinto falta do meu pai. Penso que nunca realmente vou deixar de sentir. Às vezes assisto ao filme *Father of the Bride* (*O pai da noiva*), com Steve Martin, e choro como um bebê, mas sabe por quê? Eu não poderia mesmo chorar desse jeito se meu pai não fizesse tudo certo para mim durante a vida. Eu sei que não sou a única filha que chora quando vê um filme assim, pensando no pai que perdeu. Eu sei como é difícil, principalmente para as crianças que perdem seus pais jovens, e meu coração está com elas. Acho que falo por todo mundo neste ponto. Meu pai costumava me chamar de "Mindinha". Quando eu cresci, detestava isso, mas agora acho lindo que ele me visse assim pequena e frágil. É engraçado como as perspectivas mudam.

CAPÍTULO 6

ANJOS DO ASILO

Enquanto escrevia este livro, enfrentei um lugar que a maioria das pessoas não suporta — um asilo, onde assisti à partida de uma amiga. O nome dela era Shari.

Shari não era um parente biológico, embora fosse como uma mãe para mim durante toda a minha vida. Conheci a Shari quando era criança. Minha melhor amiga, Susie, era filha dela. Shari era a melhor amiga da minha mãe e, acredite, elas se divertiam muito juntas. Não me lembro de um só momento no começo da minha vida em que ela não estivesse lá. Shari e minha mãe levaram Susie e eu a Knott´s Berry Farm quando eu tinha 10 anos, e nós nos divertimos tanto que nossas cabeças doíam de tanto rir. Fomos de carro do Arizona até a Califórnia em um enorme jipe amarelo claro ouvindo a batida alta do meu aparelho de som. Tenho certeza de que minha mãe dirigia com o máximo de velocidade que aquele jipe podia agüentar só para se ver livre o quanto antes daquelas duas músicas que eu não deixava parar de tocar durante todo o trajeto. Acho que uma das músicas era *Girls Just Want to Have Fun* (as garotas só querem se divertir), da Cyndi Lauper, e não era verdade? Estávamos construindo uma lembrança tão especial que, quando eu cresci, passaria a fazer parte da alma que constrói este livro.

É, parece que era Shari e minha mãe contra o mundo. Sentadas em volta da piscina, rindo juntas, é como eu me lembro de Shari e mamãe. Nunca soubemos o que elas bebiam naqueles grandes copos de plástico brilhante quando Susie e eu éramos pequenas. Hoje em dia Susie e eu rimos disso, porque não fazemos a mínima idéia do porquê aquela bebida fazia nossas mães rirem tanto quando tomavam mais uma rodada. Susie e eu ficávamos espalhando água em volta, enquanto um grande e lindo sol nos observava. A promessa de irmos ao McDonald´s era a garantia de um "Yes!" saindo das nossas bocas.

Pois é, nossas mães eram o máximo. Shari era maior que a vida, com seu cabelo vermelho, sua bandana *hippie* em volta da cabeça, amarrada na nuca. Minha mãe, uma loura estonteante, que fazia virar cabeças com seu grande chapéu e seu visual hollywoodiano. Elas eram jovens e tocavam fogo no mundo, juntas.

Agora eu tinha que entender isto: queria tanto fazer o relógio voltar para dar outra vez a Shari um dia saudável, mas não estava em minhas mãos. Muita gente entende o que estou dizendo porque também tem suas lembranças e seu próprio relógio para fazer voltar.

Eu tinha acabado de saber que Shari ia morrer. Ela tinha câncer no pâncreas, no pulmão e no fígado. Não havia esperança de sobrevivência. Enfrentei o asilo para onde ela tinha sido transferida depois de uma estada no hospital. Visitar um asilo é uma experiência única. Está cheio de pessoas doentes e amedrontadas, sabendo que nunca mais vão voltar para casa.

Olhei para a mulher que tentava me convencer a comer cenouras quando eu tinha dois anos. Ela sempre ria e contava a história da pequena menina teimosa que tentava explicar a ela que era "lérgica" a cenoura. Eu não era e ela sabia disso; só não queria comer cenouras. Então, tentava outra coisa para me acalmar. Com certeza algo com açúcar, porque Shari estava sempre fazendo algum tipo de doce. Ela não era apenas uma mulher vibrante, afetuosa e engraçada, era uma enfermeira que cuidava ela própria dos enfermos e moribundos. Trabalhou até o dia em que entrou no hospital, para nunca mais voltar.

Aprendi uma coisa ficando ao lado de Shari. Aprendi que morrer nos obriga a sentir coisas que nunca sentiríamos de livre e espontânea vontade. Coisas que nos fazem encarar nossa própria mortalidade e nos obrigam a perguntar porquê. Tais coisas nos obrigam a nos colocar no lugar das pessoas doentes e a dizer tudo o que amamos nelas, palavras que não devíamos ter esperado tanto para dizer. Algumas pessoas esperam a vida inteira para se habituar a viver. Elas precisam ouvir você dizer que está tudo bem para deixar-se ir. Do contrário continuam lutando. A voz de alguém em quem confiam, dizendo que podem ir, dizendo que as amam e sempre as amarão, é um enorme conforto para as pessoas que estão morrendo.

Observei minha mãe segurando as mãos da amiga que morria com firmeza e, ao mesmo tempo, com suavidade. Observei-a passando o batom preferido de Shari, rosa brilhante, nos lábios da amiga. Ela chamava Shari de "princesa" e fazia suas unhas. Estava aprendendo como amar Shari de uma forma que desse conforto à amiga na hora da partida e lhe permitisse deixar o passado para trás.

Sentei ao lado da cama de Shari e relembrei cada cena armazenada em minha memória — minha mãe e Shari se metendo em confusões nos anos 1970 e 1980, enquanto aprendiam a ser mães solteiras juntas. Vivíamos no mesmo saco de gatos, e quando uma estava mal, a outra ficava ali ao lado, fosse para socorrer com algum dinheiro ou com um ombro amigo para chorar. Olhei para Shari, a mulher que decidira, há muito tempo, que o melhor remédio para um joelho esfolado é um bolo de chocolate. Ela não estava tão errada.

Sentei-me próxima a Shari e li para ela algumas piadas e anedotas de enfermeiras — mamãe e eu ríamos. Olhei para o pôster na parede que dizia: "Meu nome é Shari, gosto de rock, comédias e pizza. Tenho duas filhas e cinco netas". Li para ela em voz alta, anunciando quem é ela para que soubesse que não é apenas uma pessoa que por acaso está morrendo. É nossa amiga e muita gente se importa com ela. Estávamos lá simplesmente para amá-la e por nenhuma outra razão. Quando as pessoas estão morrendo, é muito importante que estejam cercadas de gente que possa falar do passado e segurar suas mãos. Shari era uma comediante nata, portanto contar piadas de enfermeira era uma forma de uni-la com aquela sua parte. Minha mãe sempre teve muito cuidado com a aparência e se cuidava muito. Ela demonstrou amor a Shari mimando-a. Expandiu a energia que Shari não tinha como uma forma profunda de mostrar amor.

Os últimos momentos da vida de uma pessoa são cruciais tanto para os vivos quanto para os que estão morrendo. A morte nos permite aqueles últimos atos de amor para com a pessoa que está indo embora. Shari estava sempre dizendo "calor", porque ela queimava, e não havia muito que fazer para lhe dar conforto. Seus órgãos estavam falecendo e seu corpo não conseguia mais esfriar. Nós lhe dávamos cubos de gelo e aplicávamos compressas frias em sua fronte. Era tudo o que podíamos fazer. Rezei para que se Shari não pudesse ser salva, Deus a levasse para casa, para que ela não tivesse que sofrer mais. Tinha uma dor física ao abraçá-la porque podia sentir seu câncer, e ainda assim não sabia como deixá-la ir. Pedi ao meu pai que ajudasse Shari. Olhei fixamente para ela mais uma vez, sabendo que nunca mais a veria viva. Ao mesmo tempo — e tenho certeza de que muita gente se identifica com isto — enquanto eu a olhava, sabia que a "minha" Shari já tinha ido embora. A mulher que estava sempre rindo e nos provocando, a mulher que preparava tortas de framboesa no Natal, a mulher que eu cresci vendo à minha volta não tinha mais lembranças felizes para criar para si própria ou para os que a amavam.

Pouco antes de sairmos, um amigo de Shari, que também é enfermeiro, entrou no quarto para vê-la. Contou que fazia algum tempo que não a via, antes que ela fosse transportada para o asilo. Ele olhou para a amiga que morria com amor, compaixão e, claro, dor no coração. Foi tocante ver o relacionamento entre duas pessoas que, como enfermeiros, sempre se importaram com os outros, como se fossem da família. Shari agora era a paciente, e era difícil ver seu amigo, no derradeiro ato de uma amizade, cuidar da enfermeira que casualmente ele também amava.

A par da dificuldade de enfrentar a morte de uma amiga, acho o asilo um lugar particularmente difícil de conviver. Eu esbarrava naqueles que tinham morrido enquanto atravessava o hall. Sentia-me entorpecida, salvo pela sensação espinhosa, à flor da pele, que eu sempre tenho quando estou em volta da morte ou dos espíritos. Neste caso, eram os dois. Era como se os meus sentidos estivessem sobrecarregados. A morte roubava a minha respiração a cada dois minutos quando eles tentavam se mover através de mim ou falar comigo. Dei uma olhada para o sol, lá fora, e para os enfeites de Natal que cobriam as casas na área. De repente, senti como se estivesse em um núcleo de morte e além das paredes morasse a vida. Parte de mim queria voltar para os vivos, mas naquele momento eu era necessária aos mortos. Queria entrar em cada quarto e abraçar os moribundos que não recebiam visitas, para que soubessem que não eram invisíveis e lembrar-lhes de que ainda estavam ali. Para contar a todos que eles tinham importância e, mesmo quando pareciam estar sozinhos, não estavam.

Penso muito que as pessoas que estão morrendo não têm uma linha definida entre o "aqui" e o "ali". Eles perdem o rastro de onde a vida termina e a vida eterna começa. A maioria das enfermeiras do asilo lhe dirá que os moribundos começam a contar como era quando eram crianças ou a contar histórias detalhadas sobre seus pais, que já faleceram há décadas. O moribundo faz isso porque se sente jovem outra vez; eles pressentem os que os esperam e quem vai recebê-los. Conversei com centenas de pessoas que estavam na sala dos moribundos e os viram falar que eram pequenos ou mais jovens, ou que estavam vendo os falecidos em seu quarto nos últimos dias de sua vida. Também trouxe pessoas que falavam das pessoas mortas que estavam vendo pouco antes que elas próprias morressem e agora dizem que estão juntos. Os espíritos me passam nomes e descrições físicas dos visitantes que viram quando estavam vivos.

Fiquei profundamente impressionada com o asilo onde Shari ficou. Era aconchegante, íntimo e tranqüilo. Era uma casa grande, chamada Gardener Home (Lar do Jardineiro), em Phoenix, doada pela família que tinha morado ali. Era administrada pelo Hospice of the Valley (Asilo do Vale). Que idéia boa. Nunca tinha pensado no bem que faz doar uma causa para os moribundos. Enquanto pensava neste grande bem, minha mãe me disse: "Não devíamos chamar o padre para ver a Shari?".

Achei uma grande idéia, um dos poucos confortos que podíamos proporcionar a Shari. Embora ela não pertencesse a nenhuma religião específica, com certeza acreditava em Deus. Minha mãe e eu dissemos a Shari que tínhamos que ir, mas que a amávamos. Shari sussurrou: "Também amo vocês".

Enquanto saíamos do quarto, um senhor elegante, com penetrantes olhos azuis, saía do quarto de outro paciente e se aproximou de nós.

"Posso ajudá-las? Sou padre. Gostaria que rezasse por sua amiga?"

Não era coincidência. Ele parecia um anjo, soava como um anjo, e naquele dia ele foi o nosso anjo.

Tomamos as mãos uns dos outros, incluindo a Shari, e rezamos por ela e com ela. Pela primeira vez vi a paz passar pelo rosto de Shari. Naquele dia havia muitos anjos no asilo. As enfermeiras que vivem nas trincheiras da morte todos os dias são anjos; os moribundos, preparando-se para usar as "asas", eram anjos; aqueles que já morreram e aguardam para ajudar seus entes queridos a fazer a travessia, as pessoas que prezam os últimos desejos e momentos daqueles que cuidaram deles quando eram crianças ou sentam-se ao lado daqueles que eram as crianças de quem cuidavam, são todos anjos. Às vezes até uma pessoa que você permitiu que segurasse a sua mão é um anjo.

Quando eu disse adeus a uma amiga que eu amo, me doeu porque tudo o que eu realmente queria era fazer Shari recuar, dar a ela a minha força e aliviar um pouco a sua dor. Sei que isso não faz sentido, mas quem quer ser razoável quando se trata de perder um amigo? Se o amor fosse o bastante, acho que ninguém morreria. Às pessoas que estão num asilo e dizem adeus ao jeito como eram as coisas, saibam que não estão sozinhas. Aos que trabalham lá, saibam que nós os admiramos. Aos que vão morrer lá, saibam que os anjos estão atentos a você e que você não será esquecido.

Na manhã seguinte à minha visita ao asilo, eu estava emocionalmente atormentada, portanto liguei para a minha amiga Kelly. Disse a ela que queria ligar para o asilo, mas uma voz interior havia dito "Não ligue agora".

Enquanto eu sentava, conversando com a Kelly ao telefone sobre Shari, exatamente neste momento vi a Shari na minha frente. Ela sempre teve um senso de humor exacerbado que eu amava. Shari apareceu na minha frente em sua fantasia de fada-madrinha cor de pêssego do Dia das Bruxas, que tinha usado dois anos atrás. Até mesmo as asas e a varinha! A foto dela vestida com a fantasia estava pendurada na parede do quarto do asilo. Como eu admirava sua aparência saudável e seu humor sempre em alta, tive que abrir um sorriso.

Ela disse: "Fui".

"Kelly, Shari acabou de aparecer e me disse que já se foi."

"Oh, Allison, sinto muito". (É ótimo ter amigas que não questionam você porque já conhecem as suas habilidades.)

Quinze minutos depois minha outra linha chamou: "Kelly, é do Hospice of Valley. Espere um instante".

Eram as notícias que eu precisava ouvir de outra pessoa. "Allison, Shari acabou de falecer".

Eu e minha boca enorme respondemos baixinho: "Eu sei".

A amiga de família que estava transmitindo as más notícias para mim não tinha problemas com o que eu disse, mas tenho que ter cuidado; nem sempre é fácil explicar aos outros exatamente de onde estou vindo. Voltei para a outra linha e transmiti as notícias a Kelly. É difícil soltar as palavras com um bolo na garganta. Imediatamente uma música do Bread (para os que têm idade suficiente para saber quem é ele) tocou. Chama-se *Everything I Own* (Tudo o que eu tenho). Enquanto eu sorvia as palavras, sabia que vinham de Shari. As pessoas que morrem gostam de chegar aos vivos através de músicas no rádio. Os espíritos parecem ter uma energia elétrica que pode manipular aparelhos eletrônicos. O que são os rádios? Caixas cheias de palavras sobre emoção, portanto faz sentido que os espíritos tentem falar conosco através das canções. Eles enviam seu amor dessa forma, e muita gente sabe quando a canção foi enviada por alguém que ama e morreu. Eles têm certeza disso e devem ter mesmo.

Shari morreu. O único conforto para mim era saber que, quando as pessoas morrem, são fortes, vibrantes, felizes e lindas. Eu as vejo em sua nova forma depois que morrem; é uma transformação imediata. Sei disso porque vi Shari minutos depois que ela faleceu e ela parecia radiante. Incrível, vê-la momentos depois que morreu foi um presente! Ela estava gloriosa e sorria novamente. Até um dia, Shari! Eu te amo.

Alguns dias depois que Shari morreu, fui ao funeral com outros amigos e a família. Sentei e esperei o sermão. Quando olhei para cima, o mesmo homem com os olhos azuis penetrantes que tinha rezado conosco no asilo estava lá, no púlpito. Ele falava carinhosamente e com convicção sobre a vida de Shari, uma mulher com quem ele havia estado nos últimos dias de sua vida no Hospice of the Valley, a mulher cuja mão ele segurou e em cuja fronte tinha pousado sua mão, a Shari que lutava com a morte. Quando ele acabou, perguntei à filha de Shari, Susie, como haviam conseguido que ele fizesse o sermão da mãe. Susie não tinha idéia da ligação entre o homem de olhos azuis e sua mãe. Ela disse que um amigo da mãe dela estava no hospital do outro lado da cidade e encontrou aquele homem realmente bom, que por acaso era padre. Pediu ao homem que falasse no funeral da sua amiga e ele aceitou.

"Nossa!" Foi tudo o que eu consegui dizer.

O padre estava em um hospital pelo menos 40 minutos distante do asilo onde tinha encontrado a Shari quando lhe pediram que falasse no seu funeral. Ele não imaginou que estaria falando no funeral de uma mulher que estava morrendo quando ele a encontrou dias antes, do outro lado da cidade. Ele falou de sua surpresa quando deitou os olhos sobre a foto de Shari colocada na mesa ao lado do púlpito no funeral e percebeu que era a mesma mulher por quem tinha orado. Phoenix tem milhões de habitantes. Eu sei que não foi por coincidência que esse "anjo" de homem, que deu paz a Shari no final de sua vida, também lhe deu paz na morte. Não consigo descrever o estado de choque que minha mãe e eu aparentávamos quando o vimos no funeral de Shari, porém talvez você possa imaginar a calma que ele trouxe aos nossos corações quando vimos que ele tinha sido enviado para nós. Quando mais precisamos, sempre nos são enviadas as pessoas e coisas de que necessitamos.

A palavra D-O-R nunca resume o que se sente ao perder alguém. Não há palavra em língua alguma que possa descrever completamente o sentimento de perda quando alguém morre. Depois de escrever este capítulo, percebi uma coisa. A cada momento que você dá um passo à frente, para um novo dia, não importa o quanto se sente bem ou mal, é impossível correr ou afastar-se o bastante para escapar da perda. Isso se dá ao fato de você nunca deixar para trás o amor que tem dentro do seu coração. Ele vai com você. Move-se porque a pessoa que morreu fica ao seu lado.

É uma ironia. Vejo pessoas vivas que passam a vida sentindo a morte dentro de si, simplesmente passando o tempo até a morte. E existem os que morreram e querem ficar com os vivos e nunca se sentiram tão vivos. Há pessoas que tinham um desequilíbrio químico na vida e agora, mortos, querem juntar-se aos vivos porque eles percebem como a vida pode ser linda. Há também almas que tiveram uma vida tão maravilhosa que ainda querem compartilhá-la com aqueles que ama. E há pessoas que morreram tão cedo que preferem permanecer com os vivos da mesma idade para que possam viver através de suas experiências. Há pessoas que lutaram para viver só mais um dia, ou para ver um último pôr-do-sol. A vida foi feita para nos inspirar a aproveitar as oportunidades, chegar bem no centro de quem somos e trazer o que encontramos até a superfície para compartilhar.

Acho que o truque é "pensar para fora do corpo" enquanto está vivo. Como você tocou as pessoas e tornou a vida delas melhor? Você se lembra de enviar um cartão de natal ou aniversário aos seus parentes que se tornaram distantes e que podem estar sozinhos? Você planeja uma noite especial para você e seu companheiro, só para deixar que saiba o quanto o admira? Eu conheço viúvos e viúvas que dariam qualquer coisa para ter mais um dia com o amor de sua vida. Você se permite cumprimentar pessoas que passam só para abrilhantar o dia delas? Eu me permito! Adoro fazer as pessoas sorrirem, porque parece que uma parte tão grande da minha vida se envolve com pessoas que choram porque perdem seus entes queridos... Adoro perguntar à minha avó Jenee sobre os pais dela e de quando ela era pequena. Ela fica tão feliz em falar deles. Adoro trazer para a minha avó as coisas que ela mais gosta de comer e ligar para ela apenas para abrilhantar o dia dela. Minha avó ainda tem muita coisa para nos ensinar em seus dias de velhice, e ela ainda precisa de companhia e de reconhecimento — ela é humana! Portanto, não vou desperdiçar um só minuto do tempo que tenho com minha avó, sem arrependimentos.

Na minha vida, sei que minha filha mais velha sempre vai lembrar-se de quando eu aparecia de repente para apanhá-la na escola e ir ao shopping. Não é o shopping que importa, é a mãe dela criando um momento com ela. Comemos besteiras e rimos. Eu me divirto com as minhas filhas. Ando na montanha-russa com elas, abraço-as quando acham que o mundo está contra elas. Sempre vou lutar por sua felicidade. Ensino-as a tocar os outros. Nós as levamos para o shopping todos os natais e compramos uma árvore completa dos Anjos de Natal do Exército da Salvação para crianças sem Natal. Minhas meninas escolhem tudo elas mesmas. Elas vão crescer e dedicar tempo a cuidar dos outros, como Shari fez a vida toda.

Assistentes

Depois de passar pela dor de perder Shari, me lembrei intensamente dos enfermeiros do asilo. Enfermeiros e pessoas que trabalham em asilos experimentam a perda todos os dias. Eles quase sempre estão com os moribundos quando nem a família nem os amigos estão lá. Queria contar para vocês sobre uma mulher maravilhosa chamada Joani Roberts. Ela é assistente e faz o papel de um membro da família para o doente e para a família do doente. Vim a conhecê-la porque o avô do meu amigo Brian estava doente em 2005. Ela tomava conta dele durante essa fase e conseguiu lhe trazer muito conforto nos momentos finais de sua vida. Ela também ajudou muito o Brian, porque ele sabia que seu avô não estava apenas sendo assistido, mas era como se a própria família estivesse cuidando dele.

Joani tinha muitas lembranças de fazer parte do final da vida das pessoas. Pedi a ela que relatasse uma das histórias para vocês e mostrasse que nem sempre quando se escolhe uma carreira que lida com a morte vai-se dar de cara com a vida depois da morte.

Suzette

Suzette era uma mulher branca de 80 anos que entrou no asilo com um câncer de cólon. Ela ficou casada com Phil por 55 anos. Uma noite, 16 horas antes de falecer, eu estava sentada, em silêncio, ao lado dela na cama, no escuro, quando ela me pediu que, por favor, desligasse a TV. Tomei delicadamente a mão dela e disse que a TV não estava ligada. Ela falava de uma tela de cinema passando um filme sobre a sua cama e me perguntou: "Não está vendo? Não está vendo as freiras? Estou lá, sentada, com o meu uniforme — sou eu".

Eu disse: "Não, mas me conte!".

Ela falou: "É a minha vida, e está muito alto. Pode desligar?".

Respondi: "Sim, claro".

Fiquei em silêncio por alguns momentos e perguntei: "Conhecia o meu pai?".

E ela: "Sim".

Pensei que ela dizia aquilo porque estava quase dormindo. Quinze minutos mais tarde, no escuro, ela me perguntou: "Foi apresentada ao meu pai?".

Eu disse: "Não, não tive este prazer". (Eu estava quase dormindo também.)

Apontando para a cadeira vazia ao meu lado, ela disse: "Bem, deixe-me apresentá-la".

Tão certo quanto eu estou aqui hoje, sei que ele estava lá com ela durante suas últimas horas, para lhe dar as boas-vindas do outro lado. Horas depois, Suzette se foi, em paz, e eu me sinto bem na minha crença de que seu pai estava com ela.

Não é raro na minha profissão trabalhar com um cliente no asilo cujo esposo faleceu recentemente. Há quase sempre uma "presença" familiar na casa depois que o primeiro parceiro morre, a evidência duradoura de sua união. Entre os tesouros tangíveis estão fotos de família, cinzas, roupas jamais descartadas e projetos que não chegarão a ser concluídos. Mas o fenômeno mais estranho por que passo são as luzes tremulando, reflexos incomuns no espelho, a sensação de uma presença espiritual, aromas reconfortantes, objetos que em geral saem do lugar e quadros virados. Embora a maior parte das pessoas possa achar esses eventos duvidosos, em geral eu me sinto bem, sabendo que os entes queridos estão "recebendo" e esperando uma reunião com os seus amados. Estou aprendendo lições com cada paciente, cada cliente que acompanho, sabendo que tão certo quanto apertar as suas mãos em nosso primeiro encontro, estou lá para ajudá-los a morrer com conforto. Não temos todas as respostas na vida, mas existem alguns padrões na morte que não podem ser ignorados. Eu acho que podemos concordar que embora algumas coisas não possam ser inteiramente explicadas, isso não significa que não há explicação; apenas estão além da nossa compreensão.

Suzette na lembrança de Joani

Eu me sinto bem toda vez que ouço uma história como a de Joani porque me ensina que a vida passa rápido, mas a morte acontece como um relâmpago. A vida, em comparação, é longa, e a morte é veloz, portanto concentre-se na vida, torne-a feliz. Porque mesmo que a morte possa ser triste e dolorosa, é mais triste e mais doloroso pensar que as pessoas desperdiçam suas vidas preocupando-se com o que os outros pensam delas, mais do que com o que elas pensam de si mesmas. Viva bem, esteja ao lado dos seus amigos e de sua família, tenha orgulho de ser quem é e lembre-se de que só porque alguma coisa parece difícil de fazer pelos outros não significa que você não deve fazê-lo. Foi difícil para mim cuidar de Shari, foi difícil abraçá-la e ainda mais difícil dizer adeus, mas eu estava lá com todo amor e ela sabia disso. O amor é sacrifício, e eu juro que os sacrifícios que você faz pelo outro não apenas valem cada lágrima que você derramou, como um dia serão feitos *para* você em vez de *por* você.

CAPÍTULO 7

PERGUNTAS DIFÍCEIS

Sempre me perguntam o que acontece com as pessoas que cometem suicídio. Quero dissipar alguns mitos que cercam o suicídio. O pior deles é que diz que as pessoas que cometem suicídio vão para o "inferno". Também quero falar sobre a religião e a interpretação da Bíblia. Recebo numerosas cartas de pessoas que acham que seu filho ou filha foi para um lugar ruim porque cometeram suicídio. Portanto, não apenas vou lhes dar o meu ponto de vista, como a perspectiva de um padre que também é médium.

As pessoas me perguntam sobre reencarnação, assim quero deixar registrado que eu não sei responder sobre reencarnação. O que eu sei é que as pessoas do outro lado se dispõem a comunicar-se comigo enquanto existem pessoas vivas com quem elas querem manter uma ligação emocional. Acredito que a reencarnação é totalmente possível. As pessoas parecem ser misteriosamente tragadas para um lugar e um momento específicos na história, como se já tivessem estado lá antes. Mas não sou especialista no assunto. Pessoalmente, tentei me concentrar no aqui e agora na vida e não voltar às possíveis vidas passadas. Acredito em dar prioridade ao presente, e tento viver bem e ser feliz. Há muitos autores maravilhosos que estudaram a reencarnação, e recomendo às pessoas que pesquisem as respostas de que precisam. Se a reencarnação é tão importante para você, definitivamente, descubra a sua verdade.

Por causa do meu trabalho e por causa do programa, as pessoas também me procuram para entender melhor a passagem de alguém que foi assassinado.

Assassinato

Quero dar alguma luz sobre o que acontece às pessoas que morreram pelas mãos de outras. As pessoas que morrem pelas mãos de um assassino carregam uma energia distinta, diferente das pessoas que morrem de formas naturais ou que cometeram suicídio, ou que sofrem acidentes.

É importante que as famílias entendam que as pessoas que foram assassinadas não vagueiam sem rumo pela terra. Elas se juntam à família e aos amigos que já morreram — a mesma família e os mesmos amigos que não foram autorizados por um plano maior a interceder em nome da vítima. Existem circunstâncias em que a morte de uma pessoa serviria para mudar muitas vidas, através da inspiração de mudança para melhor e para gerar uma onda de efeito poderoso, positivo, que move mais gente do que os vivos conseguiriam mover. No lado B, também há ocasiões em que o plano de vida da pessoa incluía ser salva, quando não estava no "plano maior" ir embora tão cedo. Apesar de às vezes parecer muito injusto, os vivos nem sempre vêem todas as formas de inspiração na vida que uma tragédia pode invocar. Por exemplo, uma criança que foi o meu primeiro caso de perda era um estranho para mim. Procurando por ela, aprendi sobre o sistema de alerta de abdução da criança. O alerta Amber que era, na época, muito novo. Voltei para casa depois daquele caso e ajustei o meu foco em fazer com que o Arizona fosse uma parte desse valioso e necessário sistema de alerta. Quando o nosso sistema estava ligado e funcionando, salvou imediatamente muitas vidas infantis no Arizona. Fora a criança do meu primeiro caso, que morreu tragicamente, o Arizona poderia ter levado muito mais tempo para criar um alerta estadual. Eventualmente, teria acontecido, mas quando seria salvo o primeiro se não fosse o alerta? Neste sentido, a pequena vítima salvou outras crianças de ter uma morte idêntica. Vou lembrá-lo de novo de que nem sempre vemos as muitas razões para ter fé em um "plano maior". Às vezes só temos vislumbres do propósito maior, mas tais vislumbres são apenas uma parte pequena do plano. Os vislumbres são mais visíveis quando acontecem nos momentos escuros, onde vemos os contrastes. Assim, quando as pessoas se perguntam por que acontecem coisas más, sempre acredito que com o bom vem o mau, mas o que fazemos com o mau é da nossa conta.

A maior tragédia é quando a pessoa deixa de mudar a vida para melhor. Nunca é tarde demais para decidir compartilhar seus dons especiais. Esses dons só podem ser encontrados lá no fundo, escondidos no seu ser. Às vezes uma tragédia serve para fazer sobressair esses dons alojados lá dentro de nós.

Os mortos sentem a dor das pessoas vivas que amam e tentam apoiá-las com sua presença. As vítimas também servem como lembrete para a pessoa que tirou sua vida. A vítima falecida não é só um lembrete, mas os membros viventes da família, que perderam uma parte do seu futuro através da morte de um ser amado, servem como lembretes. Sempre fico tocada quando vejo o familiar de uma vítima na televisão falando para o comitê de libertação, explicando por que a pessoa que assassinou seu ente querido nunca deverá sair da prisão. Minha postura sobre o assassino é que se você tira conscientemente a vida de um inocente, paga com a sua vida. Acho que a família da vítima, que tem que pagar do seu próprio bolso as despesas de viagem para estar diante do comitê de libertação, é mais importante do que o criminoso. Tomara que um dia haja uma reforma que facilite a vida das vítimas e de sua família em vez da vida das pessoas que criaram a dor em primeiro lugar. Por natureza lutamos pelas pessoas que amamos. As famílias das vítimas lutam não apenas pelos falecidos, mas para lembrar a todos que aquele que perderam deve ter importância para todo mundo. Eles estão certos em pensar assim.

As famílias de vítimas continuarão a cumprir sua pena muito depois da morte do criminoso. Quero ajudá-las a lidar com esse tipo de dor. Tem um exercício em particular que ajuda a processar a dor que envolve a perda. Consiste em deitar-se na sua cama e visualizar a pessoa que você sente que está ligada à que se foi. Visualize a pessoa ao pé da sua cama segurando uma cesta. Olhe para o detalhe da cesta e levante os olhos até o rosto da pessoa. Ele ou ela está sorrindo, tendo uma luz por trás. A pessoa é capaz de remover sua dor e suas preocupações. Você vai colocar na cesta os seus problemas. Pode colocar quantos quiser porque o falecido tem capacidade para pegar tudo o que você tiver e vai fazê-lo com todo o prazer. Uma vez eu mesma visualizei meu pai segurando a cesta. Ele irradiava luz através do seu sorriso e cada fio de cabelo estava no lugar. Peguei o meu maior problema na época, que era um homem em quem eu confiava, mas que de repente se mostrou uma pessoa não tão boa assim. Eu disse: "Tem certeza, pai?".

Ele sorriu e balançou a cabeça: "Sim".

Então eu visualizei o tal homem, colocando primeiro os pés na cesta, até que eu só podia ver o topo da careca e os olhos raivosos aparecendo no alto da cesta. Eu lhe digo que isto é um ótimo exercício. Ajudou-me muito e me permitiu dar uma boa risada com meu pai. Ele piscou para mim, virou e levou meus problemas. Sempre que eu preciso que ele leve meu lixo espiritual, repito o exercício. É bom colocar na cesta tudo o que fizer seu coração pesar. Este exercício também é fantástico para fortalecer a ligação entre você e os que se foram. Eles continuam a ajudar as pessoas que amam e, mais ainda, adoram saber que ainda são úteis. Portanto, não se preocupe em sobrecarregar aqueles que ama. Eles só se sentem sobrecarregados por seu desejo insatisfeito de serem necessários. Portanto, dê a eles o que eles precisam — estar conectados a nós.

Outro exercício excelente para as pessoas que estão com o coração pesado é visualizar seu coração repleto de uma luz branca magnificente. Dizem os curandeiros que o chacra do coração é verde, o que também é ótimo. Gosto do branco — funciona para mim como se soprasse as pedras e teias de aranha da dor que podem tomar conta do meu coração para longe. É como abrir a janela para um espaço que às vezes pode ser frio e escuro. Deixo o branco entrar porque me lembra do maravilhoso fundo branco que circunda nossos entes queridos quando eles aparecem do outro lado. Sempre digo: use o que funciona para você! Verde, branco, seja qual for a radiação que você decidir introduzir no seu coração, será uma melhoria. Visualize a luz até que ela não apenas preencha todos os recantos do seu coração, como também se espalhe em todas as direções como uma estrela. Você pode fazer o mesmo no seu estômago se os nós estão lá ou em qualquer parte do seu corpo que esteja incomodando.

Também pode pedir ao seu ente querido que coloque de volta no seu coração o que você sente que foi tirado quando ele partiu. Feche os olhos, inspire profundamente e deixe que o falecido reponha partes dele de volta no seu coração. É um exercício muito enaltecedor, que também pode ser fisicamente sentido. Mantenha seu coração e sua mente completamente abertos para recebê-lo de volta no seu coração. Não confunda ansiedade com franqueza. É importante inspirar profundamente pelo nariz e exalar pela boca para que você possa ouvir a passagem do ar. Um ambiente silencioso é de grande ajuda neste exercício. Esta respiração coloca você na mesma "página" energética dos seus entes queridos que faleceram. Eles querem ajudar. Deixe que eles removam sua culpa/dor, substituindo-a pelo amor que lhe têm.

Como nota de rodapé, as vítimas que morreram têm consciência de tudo o que espera a pessoa que lhes tirou a vida. Fora isso, os espíritos estão mais preocupados com aqueles que amam do que com o autor do crime. As famílias das vítimas sempre se perguntam o que o falecido é capaz de ver. Eles podem ver tudo o que nos espera, e quando nossas vidas são afetadas pelo assassino, como sempre são nos casos de homicídio, o falecido só se importa com o autor porque o crime afeta sua própria família e aqueles que ama. As vítimas sempre desejam que o assassino não consiga fazer novas vítimas e se preocupam com sua própria família. Fora isso, o assassino não tem importância para o falecido agora.

No lado B da morte, as pessoas que faleceram, mesmo quando foram assassinadas, têm consciência de cada emoção que a família sente e procuram pelas mínimas alegrias nas coisas como mascotes e celebrações. Eles querem que nos lembremos deles e continuemos a amá-los, mas que superemos a dor e experimentemos de novo a alegria. Lembre-se, eles estão à disposição para todo e qualquer momento de felicidade que você encontre ou crie. Eles adoram ouvir nossas histórias sobre eles e observar-nos a olhar as fotos de suas glórias por toda a casa — o retrato tirado no dia do casamento; a condecoração que eles mantiveram com orgulho, o soldado de aparência vistosa em seu uniforme; fotos de uma mãe que se parecia com a Elizabeth Taylor e segurava seu bebê apertado de encontro ao rosto, com adoração; fotos de um pai dançando com sua filha no dia do casamento, a mesma garotinha que envolvia com seus dedinhos finos o dedo do pai anos atrás e roubou seu coração, que ele nunca mais recuperou. Aquelas fotos são as galerias de sua vida, as fotos que capturaram imagens de sua existência, aquelas que contaram a história de tudo o que sonharam ter ou ser.

Aqueles que amamos põem pensamentos em nossas cabeças, tentando nos estimular a nos juntarmos a eles em um passeio pelas veredas da memória, ou nos falam do seu lanche favorito, aquele que eles amavam, mas nunca enxergamos o valor até que se foram. Agora parece familiar e maravilhoso, até mesmo adorável! Não é assim que acontece na vida: Os estupendos sanduíches de presunto do avô temperados com picles em pão integral que cheiravam tão forte que apertávamos nossos narizes cada vez que ele ia comê-los hoje se tornaram tão necessários para nós. Seja por nosso conforto emocional, ou porque o nosso paladar muda, suspiramos por eles. Há tantas coisas que dão sabor à vida; às vezes é difícil escolher. Muitas famílias de vítimas de assassinos se sentem culpadas por estarem felizes, e às vezes estão devastadas demais para dar continuidade à experiência da vida de seus entes queridos. Quero garantir a você que está certo procurar ser feliz. É o que preserva e protege a palavra *amor*. E, sim, às vezes o sanduíche do vovô pode nos lembrar do quanto o amamos.

Aqueles que se vão insistem em ser lembrados como eram quando as coisas eram felizes e imaculadas. Eles não gostam que sua morte defina sua vida. Eles são bem amados e extremamente protegidos e sempre se conectam com outros que morreram de maneira similar. Eles também ajudam a apoiar as famílias de outras vítimas que agora são seus amigos. Acho que esse é predominantemente o caso com os assassinos. Parece que isso acontece porque a maior parte das mortes naturais não faz com que as pessoas busquem o apoio de estranhos. Quando a família da vítima estende as mãos à família de outra vítima, as vítimas do outro lado são reunidas porque as duas famílias que eram desconhecidas antes agora se adotaram emocionalmente. Elas têm o objetivo comum de ajudar aos outros. Além disso, as famílias costumam mencionar os entes queridos dos seus novos amigos que foram vitimizados quase em conjunto com seus entes queridos, formando uma ligação profunda.

Testemunhei essa ligação quando era palestrante convidada de um grupo de aconselhamento aos enlutados que lidavam com o assunto assassinato. Falava aos membros e via como eles se apoiavam uns aos outros, e isso me inspirava. Acima de tudo, ver que sofriam com boa vontade a dor dos outros membros, além da sua própria dor, me fez parar e sentir completamente essa conexão. Num momento da vida de uma pessoa em que você pensaria que as feridas são tão profundas que a recuperação seria impossível, eu vi aquelas pessoas colocarem seu próprio luto de lado para dar conforto aos outros. Posso dizer, honestamente, que testemunhei o melhor que uma pessoa é capaz de ser. Quando eles não tinham mais nada dentro de si, ainda iam fundo em suas almas e encontravam forças para atender à necessidade de uma outra pessoa. Nem todos podemos dizer isso de nós mesmos, mas à medida que estamos querendo tentar, damos um passo a mais para nos tornarmos os salva-vidas de alguém. O que é realmente um dom que um dia vai ser retribuído a você.

É importante tratar dos maus atos dos assassinos. Acho necessário para que as pessoas saibam que seja qual for o tamanho do mau feito do assassino, não pode mais afetar a vida de quem morreu, e que agora o falecido está completamente cercado de um amor e de uma força incomensuráveis. Ele ou ela nunca mais poderão ser tocados por nada de ruim. Isso é importante para expressar às famílias das vítimas assassinadas porque sua dor é bem mais profunda do que em outros tipos de perdas. Perder alguém que se ama pelas mãos de uma pessoa que tinha esse ódio e desamor pela vida ressuscita imagens que perturbam os vivos, e de forma bem mais marcante do que outras mortes. E para aqueles de vocês que tiveram sorte o suficiente para nunca passarem por um assassinato, estenda a mão para os que não têm o privilégio de dizer isso. Mesmo se tudo o que puder fazer for ouvi-los quando sentem que a vida os colocou de joelhos, sua bondade vai ajudá-los a se levantar outra vez. Mais importante — isto é para aqueles que enfrentaram um assassinato: espero que vocês vejam pelos meus olhos, que saibam que os que foram tirados de vocês estavam envoltos pelos braços de um amor inquebrantável assim que cruzaram a linha.

Meu coração e minhas preces se dirigem a todas as famílias de vítimas de assassinos. Lembre-se de que cada dia vem depois de um dia mais próximo à sua reunião com as pessoas que esperam por você.

■ Suicídio

O suicídio é um caminho que poucos podem entender. Para que fique registrado, quando uma pessoa comete o suicídio, não "vai para o inferno". Eu sei que a religião espalhou uma opinião diferente sobre suicídio; só estou contando a você o que eu mesma vi. As pessoas que cometem suicídio quase sempre são boas pessoas e têm um bom coração. Acontece que também sofrem de um desequilíbrio biológico, químico. Não somos considerados responsáveis pelo poder superior sobre coisas de que não temos controle.

Sempre trago pessoas que cometeram suicídio e elas demonstram arrependimento. Também expressam um amor e uma preocupação infinitos pela família e pelos amigos. Mostram a sua infância e o que as fazia felizes. Contam como se sentem interessadas na vida daqueles que amam desde que morreram. O nascimento dos bebês, vibrantes festas de aniversário, formaturas bem merecidas, férias abençoadas e visitas que fizeram aos seus entes queridos do outro lado são todos eventos importantes para eles. Há exemplos sem fim, mas você já entendeu. Vivos e mortos estão ligados para sempre através de nossas emoções e de uma conexão eterna uns com os outros que não vêem razão para esquecer, e sim para manter. Além disso, os mortos quase sempre sabem das pessoas da família que morreram depois deles e propagam a presença dos membros "mais novos" com quem agora estão, para trazer conforto aos membros e amigos da família que estão vivos, para que saibam que estão reunidos com aqueles que morreram mais recentemente. Essa é uma comunicação que os falecidos há mais tempo acham importante mencionar aos vivos, para que saibam que eles estão agindo como uma espécie de anfitriões para os que morreram há menos tempo. Faz sentido, porque os falecidos ficam principalmente para dar conforto aos vivos, portanto é claro que eles aliviarão as mentes e os corações dos familiares ao mostrar que estão perto dos que partiram por último. Em geral eles chegam pedindo que os vivos os perdoem e pedem desculpas pela dor que causaram. Explicam que, se durante a vida tivessem tido a clareza que têm agora, não seriam suicidas. Parecem expressar seu próprio luto pela perda de suas vidas. Ao mesmo tempo, parecem muito felizes por estarem saudáveis e sentirem-se melhor do que jamais poderiam ter imaginado.

Quando eu ouço certas canções de Natal, meu coração se expande com amor e orgulho, refletindo não apenas as palavras elegantes, mas capturando o sentimento que expressam. Não estou tocando nada fisicamente, mas as palavras me comovem. Quando morremos, todos os traços e as preferências da personalidade que tivemos em vida seguem conosco, mas os sentimentos que parecem ter mais força ao permanecerem presentes com os vivos são as experiências e emoções que nos fizeram sentir bem. É quase como se aqueles momentos preparassem nossas almas para expandir e aprofundar. Assim, quando nosso corpo não está mais lá, a energia e a profundidade que temos dentro de nós se libertam e tornam-se ainda mais assustadoras do que antes. Nossas limitações são removidas e nossa força verdadeira, que estava dentro de nós o tempo todo, pode conectar-se com tudo, trazendo para nós uma grande sensação de entendimento. Como se os pequenos traços ficassem conosco. Por exemplo, eu sou ruiva, e durante toda a minha vida as pessoas me disseram que as ruivas são mal-humoradas. Bem, pode ser que seja verdade, mas, acima de tudo, acho que ser ruiva faz parte do que eu sou. Portanto, quando eu morrer, tenho a expectativa de que vou ter cabelos ruivos mesmo que já esteja grisalha, porque é como se fosse a minha assinatura. Todos somos feitos desses traços que afetam nossos sentimentos internos ou nossas reações à vida. Há pessoas que têm um grande senso de humor. Geralmente as trago contando piadas, porque faz parte do que são. As limitações físicas morrem; nosso verdadeiro interior vive como nunca e se expande em nossa nova forma.

Para as pessoas que perderam um ente querido por suicídio, saibam: a pessoa que morreu os amava. Não pense que não foram amados e que talvez se a pessoa os amasse mais não teria cometido suicídio. Não é verdade. Aqueles que morreram não estavam pensando direito e sofrem quando vêem a devastação que deixaram para trás. Eles sempre me contam nas leituras que anseiam por ouvir que sabem que foram amados e que foram tomados por um desequilíbrio interno. Eles não pensam racionalmente sobre a pessoa que vai encontrar seu corpo ou a pessoa que vai cuidar do funeral e chorar por eles. Só sabem que se sentem como se não pudessem mais viver em seus corpos porque dói, e eles só querem parar de sofrer. Todas as pessoas tocadas pelo suicídio entenderão o que eu quero dizer. Para aqueles que não tiveram a experiência, só posso dizer que algumas pessoas sentem essa angústia interna, como se dessem tudo o que têm só para ficar mais um dia. A solução de dar fim aos maus sentimentos dentro deles lhes parece óbvia. Eles não enxergam outra saída. É quase como o freio de emergência do seu carro. Você está dirigindo com ele totalmente puxado. Além de a direção parecer muito difícil, outras coisas dentro do carro estão se quebrando por causa daquela dificuldade. Eventualmente, o carro vai enguiçar.

Às vezes as pessoas que cometem suicídio são incontroláveis, e os sobreviventes não devem se machucar pensando que de alguma forma poderiam ter evitado a passagem. Muita gente deprimida ou desequilibrada esconde seu sentimento dos que o cercam até ser tarde demais. Não é para desculpar a dor que causam, apenas para explicar como estavam se sentindo quando acabaram com a vida. Em geral, acham que não merecem o amor das pessoas e pensam que vão ficar melhor sem elas. Sabemos que os suicidas merecem o nosso amor, mas quase sempre eles irracionalmente não acreditam em nós. Todos nós gostamos de pensar que os outros pensam e sentem da mesma forma que nós, mas não é verdade. Todos resultamos de diferentes combinações de energia e geralmente vemos as coisas de maneira muito distinta das pessoas que nos cercam. Acho que sempre ouvimos explicações sobre por que as pessoas fizeram escolhas com as quais os outros não concordam, mas, quando você olha dentro dos olhos delas, pode ver que não vêem as coisas como nós vemos. As pessoas são como são; podem contestar nossa maneira de ser, mas mesmo assim não podemos mudá-las, mesmo que queiramos muito.

As pessoas que sobrevivem às que cometem suicídio sempre ficam com problemas de abandono. Se esta é a sua situação, por favor, ouça isto: sua vida, sem dúvida, vale a pena.

Você perdeu alguém que não podia continuar vivendo. Quando se sentir no fundo do poço e doer, lembre-se de que sua vida vale a pena. Você perdeu alguém que ama e que era inatingível quando vivia, mas sem dúvida aquela pessoa ainda está com você, agora equilibrada e capaz de lhe entender completamente.

Como largaram a doença física que as estava guiando, os suicidas também perderam os sentimentos que não podiam controlar. Quando o corpo se vai, descobrem uma forma mais clara de pensar e uma capacidade ainda maior de se conectar com os outros.

Você carrega uma força interior que eles não sentiam que tinham. Do que eu vi e aprendi através das leituras de pessoas que cometeram suicídio, suas histórias têm algumas similaridades. Seu desequilíbrio começou como uma depressão branda, quando eram muito jovens. Enquanto cresciam, foi ficando difícil reprimir e esconder dos outros. Em geral procuravam uma forma de reprimir suas marés altas e baixas de depressão e ressentimento através de álcool e drogas. Alguns abusaram de medicamentos que foram prescritos para controlar seus altos e baixos irracionais, mas não perceberam que a medicação em si tinha se tornado parte do problema. Algumas pessoas quimicamente desequilibradas simplesmente não eram ouvidas por aqueles com quem falavam sobre seus sentimentos problemáticos. Não porque as pessoas não ligassem, mas porque às vezes pode ser difícil dizer se alguém está passando por um desequilíbrio químico ou se sentindo exausto de ter um dia realmente ruim.

Embora achassem necessário viver a vida, querem que continue a viver a sua e seja feliz, porque amam você. Vão lhe acompanhar pela sua vida, agradecidos simplesmente por fazer parte de você. Lembre-se de que é a parte deles que lhes deu noções de felicidade na vida. Você vai ver isto, eventualmente. Viva sua vida sem se arrepender e "sinta" a presença deles. Agora estão equilibrados e são seus maiores fãs.

Quero enfatizar que prevenir o suicídio é possível para algumas pessoas. Muitas pessoas deprimidas podem ser tratadas por médicos, ou terapeutas as ajudam a atingir alguma clareza. As páginas amarelas têm listas de telefones de ajuda a suicidas na maior parte das cidades. Existem muitos recursos esperando para ajudar.

Também quero lembrar às pessoas que julgam as famílias que perderam entes queridos para o suicídio, ou que condenam os falecidos, que as pessoas que cometem suicídio são humanas e merecem compaixão e compreensão. Não devem ser vistas como pessoas fracas ou indecentes; em vez disso, nasceram com uma combinação de bagagem física e emocional que provocou sua morte. Nós temos livre arbítrio, mas as outras variáveis têm também que ser consideradas. Quando eu trago uma pessoa que morreu de suicídio há pouco tempo, sua energia me chega confusa ou dispersa. A energia estabiliza durante o primeiro ano de sua passagem. É o ajuste da energia que acontece em suas almas, produzindo um equilíbrio que não tinham em suas vidas. A família ainda está à sua volta, como qualquer outra pessoa que morre. Têm lembranças, amor e mensagens. Não são pessoas incompletas. Simplesmente sua energia ao nascer foi provocada em vários níveis.

Algumas pessoas não conseguem entender isso. A maioria passou por depressão em um nível ou outro e pode se identificar com o sentimento de luto e incompreensão. Os suicidas sentem um luto interno que os consome; a dor os faz sentir como se fosse a morte de alguém. As pessoas que amaram e perderam seus entes queridos sabem como a dor é profunda. A diferença é que tudo o que sentem por dentro morre pouco a pouco, até que se sentem como uma casca. Para eles, é como se já tivessem ido; o suicídio é a forma de oficializar a coisa.

Se você percebe sinais de que alguém que ama está deprimido, estenda a mão a essa pessoa. Não diga simplesmente "Hei, vai ficar tudo bem!" — porque a pessoa não está ouvindo. Se houver casos de desequilíbrio químico na família, é preciso que você tenha consciência disso e compartilhe o que sabe com a pessoa que lhe está preocupando: "A gente chega a este sentimento naturalmente. Não vai doer ir ao médico e analisar isto junto".

Em algumas famílias, é normal ter nariz grande; em outros, olhos verdes. Algumas famílias têm casos de desequilíbrio químico; o problema, em geral, tem tratamento. Tudo o que podemos fazer na vida é estender a mão e tentar chegar a um acordo em família, e, se não for o bastante, pelo menos você fez *alguma coisa*. Tudo o que pode fazer é tentar. E lembre-se, há algo maior do que todos nós que tem poder sobre a morte. Você não é o único responsável por proteger a pessoa de sua genética ou de suas próprias decisões. Vejo pessoas carregando um fardo, pensando que de alguma forma poderiam ter sido capazes de "consertar" a pessoa que cometeu suicídio. Infelizmente, amor e lágrimas nem sempre são o bastante para manter a pessoa aqui. Você fez o que pôde, e a pessoa o ama por isso, não se esqueça.

É fundamental ter compaixão pelas famílias que perderam entes queridos para o suicídio. Conversei com várias que foram expulsas da igreja, evitadas pelos amigos e tratadas com desdém. Como você pode punir pessoas que não tiveram controle sobre o que as vítimas fizeram a si mesmas? Elas dariam tudo para ter de volta seus entes queridos, e as pessoas que cometeram suicídio pagaram o preço mais caro. Portanto, quando você tiver a oportunidade de ajudar alguém que trilhou esse caminho, seja bom e empreste o seu ombro.

Tive uma experiência interessante depois que escrevi esta seção. Jantei com um padre católico — que é médium. Uma oportunidade de fazer todas as perguntas que tinha sobre ser médium e acreditar em Deus. Quando sentei com ele pensei que a idéia de um padre poder ser também médium vai contra tudo o que tive que brigar.

Perguntei a ele: "Como equilibra seu colarinho com o fato de ser médium? Como equilibra o que prega com o que sabe dentro de si que é verdade?".

Ele explicou que há interpretações na leitura da Bíblia e ele acha que suas crenças se alinham a maior parte do tempo com o que está escrito na Bíblia.

Olhei para ele e disse: "As pessoas que cometem suicídio não vão para o inferno". (Eu disse mesmo aquilo em voz alta? Eu e a minha boca enorme.)

Recostei e esperei que se mostrasse com raiva de mim. Ele chegou para frente e disse: "Eu sei, também penso assim. Advogo tanto os vivos quanto os mortos".

Minha cabeça estava girando e tentei acomodar minha mente em torno disso. "Então, quer dizer que você não vai me chamar de anticristo?" Eu ri.

"Não, a não ser que eu use o mesmo termo para mim mesmo", disse ele.

Ele e eu passamos alguns momentos estudando um ao outro, e ambos tínhamos um sorriso malicioso nos lábios.

Fixei a corrente em volta do seu pescoço que só existia para carregar uma cruz preciosa. Seus olhos eram frios e contemplativos. Ele parecia quase aliviado de ter outra pessoa como ele com quem conversar. Eu tinha tantas perguntas a fazer. Essa era a oportunidade que a maioria dos médiuns nunca tem: falar com um padre que entende o que é ser médium. Ele me contou uma história de sua infância, que incluía a escola paroquial e uma freira que parecia entender seu caminho. Ele a questionou sobre animais que morrem e sua crença de que estavam no paraíso.

Ela respondeu, e eu repito: "Se amamos os animais, então Deus os ama também, portanto por que eles não iriam para o paraíso?". O padre me explicou que essa forma de crença é chamada "teologia da terra", o que traduz o bom senso das pessoas de fé. Achei tudo isso muitíssimo interessante e esclarecedor. Acho que foi uma boa resposta da irmã, e honesta, uma resposta delicada para uma criança.

Conversamos sobre muitas coisas aquela noite, e ele tinha perguntas a me fazer, como fiz a ele. Queria saber por que às vezes os falecidos aparecem em nossas cabeças e outras à nossa frente. Respondi: "Não tem nada que ver com o médium. Parece ter relação com o falecido. Depende da quantidade de energia que o espírito traz com ele. Normalmente isso é determinado pela vida que a pessoa viveu. Se ela sabia como conectar-se com os outros emocionalmente em vida, transporta isso em seu espírito e ainda consegue chegar aos vivos com facilidade, como faziam quando estavam vivos. Se a pessoa vivia isolada ou não ligava para os outros, também transporta isso e ainda terá dificuldade em comunicar-se. O espírito dispende bem menos energia para aparecer em nossa cabeça do que diante de nossos olhos. As pessoas que realmente se divertiam, a energia dramática, de amor, vem com elas mais facilmente do que quando ela era confusa, tinha problemas de conexão com os outros emocionalmente e não se comunicava bem. Não quer dizer que fossem más, é só uma questão de energia, e uma questão de ter ou não capacidade de expressar bem sua energia, o suficiente para chegar aos vivos".

"Padre, você diz que sabe que os suicidas também atravessam. Não acredita que Deus punisse pessoas que tinham desequilíbrio químico, como se pudessem ter controle sobre seus atos, não é?" Tenho consciência de que embora isso tivesse a forma de uma pergunta, era mais uma afirmação.

Ele disse: "Não, eu sei que eles vão para um bom lugar para estarem com suas famílias e amigos. Eu os vejo. Às vezes me procuram. Deus sabe que as pessoas quimicamente desequilibradas tentam lidar com sua própria dor e às vezes se precipitam".

Ele continuou contando que a igreja não tem mais essa posição de que os que cometem suicídio vão para o inferno. A igreja admite que as pessoas que cometem suicídio não têm controle sobre si mesmas, portanto Deus não as puniria. Não sei se esta informação é de conhecimento geral. As pessoas ainda parecem pensar que os suicidas não têm ligação com o paraíso. É bom saber que eles estão sendo vistos com compreensão pela igreja.

Falamos sobre o sentimento da igreja pelos médiuns. Perguntei: "Não fomos criados à imagem de Deus?".

"Sim, Allison, fomos."

"Jesus não apareceu para aquelas pessoas depois de sua morte?"

"Sim, Allison, e o rei Davi apareceu a uma mulher que o chamou após sua morte. Está na Bíblia. Isso também atesta o fato de que a vida depois da morte é possível. Não apenas por existir depois que o nosso corpo morre, mas para que os vivos possam comunicar-se com aqueles que se foram. Allison, estou convencido do fato de que somos eternos."

"E Allison, a Igreja reconhece que os místicos existem realmente, mas se preocupa com os espíritos maus, capazes de serem trazidos pelos médiuns. Isso preocupa."

"Padre, nunca trouxe ninguém que ferisse ninguém depois da morte, e o senhor?"

"Não."

"Padre, vejo mais o demônio entre os vivos do que naqueles que estão do outro lado. Por exemplo, quando eu estou em um julgamento de assassinato, em geral vejo o réu lá, sentado, com um sorriso em seu rosto enquanto as pessoas contam, em seus depoimentos, como o viram cometer o assassinato. Estou mais preocupada e abalada por eles do que pelos espíritos."

Enquanto nossa conversa continuava, o padre e eu concordamos que todos os bebês nascem à imagem de Deus, mas, enquanto crescem, podemos achar a escuridão em nós mesmos, que tentamos abraçar ou mudar para melhor.

Eu também queria perguntar a ele sobre o termo "falsos profetas". "Padre, a igreja também se preocupa com quem *finge* prever ou *inventa* que se comunica com os mortos?"

"Sim, as pessoas que não têm realmente essa capacidade e fingem ser místicas não para ajudar os outros, mas para feri-los."

Estou contente de ter esclarecido isso, porque significa que a igreja não vê os médiuns ou místicos como pessoas ruins. Significa que as pessoas que não são o que dizem ser são "falsas".

Nem posso dizer o quanto gostei de encontrar e comer com aquele clérigo tão raro. Então, me perguntei: ele é mesmo tão raro? Aposto que há muitos homens de Deus que podem comunicar-se com os que já se foram. Decidi que sim, ele é raro, porque quer entender e tem tanto sua capacidade sacerdotal quanto mediúnica.

Quando percebi a enormidade dessa confirmação, pensei que nunca vou esquecer aquela noite, e é verdade que ninguém pode cortar o hábito do médium. Ninguém mesmo — a mãe, o mendigo, o filho, o padre, *ninguém.*

Porque é humano e natural conectar-se com as pessoas que amamos, mesmo depois que seu corpo físico morre — seu espírito permanece e fica mais forte e mais claro do que nunca. Acredito que estou só tentando aprender tudo o que posso sobre a vida e os vivos. É reconfortante para mim saber que através da Bíblica há menções de espíritos que aparecem perante os vivos e se comunicam. É igualmente reconfortante saber que há muitos médiuns que vieram antes de mim, e que definitivamente muitos virão depois de mim. Eu já sei de três meninas em particular que seguirão os meus passos!

Quando saí do restaurante, dizendo adeus ao padre, me voltei para a amiga que havia se juntado a nós e lhe disse o quanto estava tocada. De fato, foi ela quem nos apresentou. Agradeci pela experiência que vou continuar a assimilar para o resto da minha vida.

Recentemente, estava assistindo ao programa de Larry King. Ele estava com um rabino em que havia uma energia negativa, um clérigo, nada menos. De qualquer forma, ele estava no show questionando três médiuns que também eram convidados, falando sobre vida e morte. Os telespectadores diziam coisas entusiasmadas sobre os médiuns, que fizeram leitura para eles, e como sua vida mudou, melhorou depois da leitura. Os céticos sorriam com malícia e ridicularizavam os telespectadores. Um deles tentou fazer uma "leitura fria" (perguntas ambíguas que supostamente levavam a crer que leram uma pessoa), mas falharam acintosamente, como demonstraram os telespectadores. Um dos médiuns, então, leu o telespectador e mostrou resultados imediatos, e a pessoa ficou feliz com a leitura. Portanto, observei esse intercâmbio tenso de energia e pensei: tanto quanto a religião, o que é tão diferente no fato de o médium pedir que acreditem nele quando vemos algo que pode não ser visível aos outros? Quando se coloca a nossa realidade perto da realidade de um religioso que pede às pessoas que acreditem em um Deus que não podem ver? Não é tão diferente. Os dois se concentram em suas crenças e experiências espirituais pessoais. Os dois são extensões da fé.

Acredito em Deus, acredito em estar recebendo muitas lições na minha vida, em estar prestando atenção para aprender tudo o que posso enquanto estar aqui. Não estou minimizando a religião de ninguém. Só estou fazendo uma comparação óbvia entre uma fé e outra. A fé se estende e deve estender-se porque se concentra em algo maior do que viver.

Ser uma pessoa compassiva e abraçar as pessoas quando não é a coisa mais fácil a fazer ou a hora mais conveniente são testes de caráter. Se este capítulo conseguiu abrir a mente e o coração de alguém, então conseguiu mudar uma vida para melhor. O que eu aprendo na vida e ensino aos outros faz parte do efeito dominó. As diferenças são positivas e lembrem-se: desde que ninguém se machuque, cada um vai ter na vida o que lhe cabe.

Não se esqueçam do que o padre falou: "Somos eternos".

CAPÍTULO 8

UM POUCO MAIS SÁBIA

Enquanto me preparava para escrever o capítulo final deste livro, busquei em minha alma as palavras que poderiam transmitir a meus leitores o que aprendi no ano que se seguiu à estréia de *Medium* e a meu primeiro livro, *Don't kiss them good-bye*.

Apertei muitas mãos em 2005, li muitas cartas sobre perda e me coloquei no lugar de muitas outras pessoas. Quase fui "ofuscada pela luz" dos holofotes este ano – com perdão pela piada –,[1] mas gosto disso. Antes de me tornar tão famosa, dei consultas bem-sucedidas a muita gente, descartei muitos céticos e fiz a pergunta que tantos de nós fazemos todo dia: "Por que eu?".

Recentemente, meu amigo Rich perguntou: "Allison, o que você quer fazer de sua vida?".

Ninguém me perguntava isso fazia muito tempo, por isso pensei na questão. Respondi: "Rich, acho que quero contribuir para tirar de circulação alguns sujeitos maus".

Rich olhou para mim com uma expressão amiga e triste ao mesmo tempo. "Não, Allison, o que você quer fazer de sua vida que a deixará feliz?"

1. A alusão pode ser ao episódio bíblico da conversão de Saulo de Tarso, ofuscado por uma luz celeste no caminho para Damasco, ou a uma canção do músico Bruce Springsteen, *Blinded by the light*, sucesso nas rádios dos EUA, no fim dos anos 1970, numa versão da Manfred Mann's Earth Band. (N. da T.)

Opa! Acho que ninguém jamais me perguntara aquilo antes. Gastei tanto tempo de minha vida sendo consumida por coisas profundas, como assassinato e morte, que não sabia que tinha direito a opção. Pensei: "Bem, minhas filhas e Joe me fazem feliz. Se eu passar a vida com eles e se minhas filhas forem saudáveis e apaixonadas pela vida, isso me parece uma utopia".

Digo isso porque até Rich me fazer essa pergunta simples mas intrigante jamais havia visto as coisas de outro ângulo senão daquele sob o qual sou quem sou — o ângulo das expectativas, das aparências, da responsabilidade e da conversão numa pessoa teimosa. Portanto, estou fazendo a mesma pergunta a meus leitores: "O que farão de suas vidas que os deixará felizes?".

Para responder a essa questão, é preciso buscar em cada canto da alma, olhar debaixo de cada elemento sólido de seus eus. O que realmente importa é fazer o que a maioria das pessoas faz todo dia: analisar os atos passados que as levaram a ser quem são hoje. Exceto que, em vez de se recriminar por trilhar a estrada que os levou a ser quem são hoje, vocês procuram saber quem *podem* ser. Alguns dirão que se tornaram o que já estavam programados para se tornar, outros terão que pensar muito e profundamente sobre quem eram as pessoas que sonhavam ser.

Quando era pequena, queria crescer para ajudar a tirar os caras maus de cena e construir um mundo mais seguro para as crianças. Pronto, fiz isso; não na escala que queria, mas sou uma só. Um — percebo agora — é um grande número. Mesmo quando se reconhece que, sendo uma só pessoa, não se pode matar a fome do mundo sozinho, nem cuidar de todo mundo, é preciso ter certeza de que se foi importante para alguém. Ser importante na vida de alguém ainda muda o mundo graças ao efeito dominó. Adoro fazer os outros felizes, e, agora, passarei o próximo ano descobrindo não só como não pedir desculpas por ser quem sou, mas como não deixar que os problemas do mundo me derrubem. Hei de me concentrar em apertar mais mãos e abraçar minhas filhas.

Em 3 de janeiro de 2005, *Medium* entrou no ar e perdi meu anonimato, me abrindo para um mundo de pessoas interessantes e iluminadas, bem como de outras constituídas de raiva e crítica. Patricia Arquette me deu alguns bons conselhos: "Não leia o que os críticos escrevem, isso pode acabar com você".

No entanto, sou obrigada a admitir que adoro reler algumas das resenhas que escreveram antes da estréia de *Medium*. A maioria era estimulante e maravilhosa, mas lembro que o tom de uma ou duas era mais ou menos como na seguinte paráfrase: "Não é preciso ser vidente para saber que o programa não passará da primeira temporada". Ri quando li isso. São os mesmos críticos que debocharam quando eu disse que Patricia seria indicada para o Emmy, portanto, o que eles entendem, afinal? A conclusão a que cheguei é a de que são pessoas como todas as demais. É preciso ter senso de humor na vida e não deixar que os outros os embruteçam. O humor prolonga a vida e impede que as pessoas se tornem insensíveis.

Quando alguém se sente vazio ou tomado pela raiva e acha que tem resposta para todos os problemas do mundo, fica embrutecido. Embora eu seja muito convicta de minhas crenças, não tento converter ninguém; partilho minhas experiências e torço para que sensibilizem àqueles que sintam que o exemplo possa lhes servir. Com quem não teve experiências como as minhas, tento ser compreensiva; com quem condena o que faço, tento ser tolerante, ciente de que sinto pena deles por diversos motivos. Todo mundo nasce com uma certa energia complexa, que evolui à medida que se envelhece — contanto que se permita. Tem gente que está há tanto tempo em cima do palanque que já nem consegue escutar aqueles a quem se dirige. Digo isso porque conversei com muita gente que teve consultas emocionantes, que as tocou de verdade, dadas por mim ou outro médium, e que, ao voltar para casa, viu essa experiência especial ser arruinada pelos comentários maliciosos do parceiro, amigo ou fosse quem fosse. Para mim, é necessário mostrar às pessoas que não se pode permitir que as crenças dos outros ofusquem ou tenham mais importância do que as delas próprias. Se alguém que seja importante para vocês se sentir aliviado de um fardo após uma consulta, por que vocês ou seja quem for haverão de negar esse sentimento? O que motivaria o parceiro ou amigo a invadir o espaço e deliberadamente magoar a pessoa que deveriam amar?

Quando uma pessoa faz isso, é preciso examinar a fundo se ela está pensando em vocês ou só reagindo ao próprio medo e ansiedade. Se tiverem sorte de ter uma ótima consulta, não deixem que ninguém lhes prive dessa experiência.

Quando contemplarem o que os faz felizes na vida e o que os fará sentir que ela foi bem vivida, lembrem-se disto: pensar numa coisa é só o primeiro passo, é preciso agir. Não esperem que alguém apareça trazendo uma bolsa cheia de felicidade, corram atrás da sua.

Ano passado, tive oportunidade de observar pessoas do mundo todo. Notei que um elo comum as ligava. Visitei a Austrália e a Nova Zelândia para divulgar o livro. Foi lindo. As pessoas eram amáveis e afáveis umas com as outras, o que foi bom de se ver. Visitei Sydney, Melbourne, Auckland e Christchurch, e cada cidade era especial a seu modo. Sydney foi de tirar o fôlego, com os espetáculos da Opera House e — não podemos esquecer — a comida deliciosa do Pancakes on the Rocks. Definitivamente, a cidade tem que ser visitada pelo menos uma vez na vida. Pretendo voltar e fazer de tudo para, da próxima vez, ir ao carnaval mágico, que, à noite, ilumina o quebramar e parece saído diretamente de um sonho infantil, com direito a comer bobagens e tudo mais. Na memorável Melbourne, conheci as Sisters in Crime (amigas no crime), quando proferi palestra para o inesquecível grupo de autoras de histórias de mistérios, cientistas forenses etc. Auckland foi a primeira parada. Ela tem o charme das cidades pequenas, e os moradores foram muito gentis. Christchurch tem as cervejas belgas e é um lugar pitoresco para uma caminhada.

Quando a gente viaja, sempre percebe algumas diferenças locais, como a comida ou o modo de se vestir. A parte mais valiosa de minha viagem, porém, foi aprender em primeira mão que as pessoas que perderam alguém são as mesmas, onde quer que vivam. Elas sentem dor, precisam do apoio dos outros, e, de um modo ou de outro, cada uma lida com sua dor da melhor maneira possível. Encontrei alguns rostos iluminados, que sabem que seus entes queridos ainda estão aqui; não precisam ser convencidas porque, em seu coração, já sabem que os que morrem vivem de novo, só que de um modo diferente. Essas residem num lugar de paz e fé. Por outro lado, tive que me defender de um cético durante uma sessão de autógrafos e pensei que meus fãs iam linchá-lo; mas cuidei eu mesma do assunto, com minhas palavras, e recebi o aplauso gentil de todos. Além de tudo, é preciso ter jogo de cintura.

Enquanto escrevia este livro, meu marido, Joe, me lembrou de uma vez em que estávamos num quarto de hotel na Nova Zelândia e vimos na TV um comercial de cobertor. Um homem que estava sendo entrevistado a respeito do cobertor disse: "Bem, antes eu era cético...".

Joe e eu caímos na gargalhada, pois, se tem gente que é cética quanto ao desempenho de um cobertor, então absolutamente tudo no mundo é capaz de suscitar ceticismo. É preciso tomar a opinião alheia sobre as próprias ações sem levar muito a sério. Portanto, da próxima vez que se sentirem abatidos por causa da crítica de alguém, lembrem que, seja ele noivo de uma mulher cuja família desconfia de sua capacidade de ser um bom marido, seja uma menina de 16 anos de idade que as pessoas duvidam que seja capaz de concluir o ensino médio, na vida, todos estamos sujeitos ao ceticismo. Ao que parece, nem mesmo os objetos inanimados estão a salvo da crítica! Depois de entender isso, todo mundo pode se empenhar em ignorar essas coisas e ser feliz — nem que seja por merecer ser feliz.

Não sejam daquelas pessoas que carregam um sorriso no rosto e um suspiro no coração, sejam felizes de dentro para fora. Tenham em mente que nem todas as mínimas trocas de energia na vida, boas ou más, dependem de vocês. Somos todos parte de um quadro maior, e parte do quadro é aprender a nos livrar dos fardos que recolhemos ao longo da vida. Sempre haverá pessoas que compartilham de minhas crenças e outras que criticarão tanto o que sou quanto o que faço. E querem saber? Tudo bem, faz parte da vida. As pessoas questionam a gente para que a gente se questione e busque lá, no fundo da alma, respostas que nos sejam significativas e recompensadoras. E não falo só das pessoas que são céticas a respeito de outras pessoas, mas de pessoas que são céticas a respeito de religião, ciências, humanidade, tudo. Sei que são necessárias, pois tanto ação quanto reação podem demonstrar força, e a força move as coisas, senão nada mudaria.

Assim, quando viajo e conheço pessoas, entendo por que tenho que continuar sendo quem sou: tenho que continuar porque também trago mudanças ao mundo, do mesmo modo como fazem todos que respiram. Quando vocês ignoram quem são para agradar os outros ou deixá-los mais confortáveis, negam sua verdadeira energia e privam o mundo dela, substituindo-a por idéias ultrapassadas de pessoas que têm medo de agir e reagir e de participar do dinamismo de sua própria força vital. Mesmo que se leve a vida inteira para se chegar ao fundo do que se é, não tenho dúvidas de que esse é o mais desafiador e gratificante dos problemas. Ceticismos à parte, o que importa mesmo é aprender a ficar em pé na vida e, quando a vida mandar, ajoelhar.

Podem acreditar, eu rezo. E recomendo a oração. Às vezes, é disso que se precisa para atravessar um momento difícil. A vida é uma série de escolhas. Quanto mais mãos vocês apertarem na vida, com mais pessoas se relacionarão e mais aprenderão sobre os outros e sobre si mesmos. Todo mundo tem algo a ensinar e todo mundo tem algo a aprender.

Tive um ano excelente, de que jamais me esquecerei. Começarei uma lista de coisas que pretendo fazer ano que vem, até levar minhas filhas ao SeaWorld, para umas férias em família. Além disso, levarei meu maridão, Joe, para Maui, para um pouco de diversão, e, embora me considere uma ótima amiga, farei um esforço para passar mais tempo com os amigos. Portanto, o que vocês acrescentariam à própria lista para ter certeza de que vivem bem, de que a vida não está só passando? Porque nunca é tarde para fazê-la valer a pena.

Depois de um ano atarefado, embora espetacular, vi a vida de minha família mudar. Joe passou a jogar golfe, que adora, e os amigos o chamam "Sr. Médium", de brincadeira. Ele se aposentou cedo para ajudar a mim e às meninas. Quer estar a nosso lado quando for preciso.

Minha filha mais velha é idêntica em cada detalhe à personagem do seriado. É representante das turmas da sexta série, aluna exemplar de Matemática e a mais nova na torcida organizada da escola, uau!

Minha filha do meio chamo carinhosamente de filha "centrada". (Entenderam? Sei, piada de mau gosto.) Ela está na terceira série e também se parece com a personagem de *Medium*. É a excêntrica das três, e, no coro da escola, é possível ouvi-la cantando mais alto que as outras crianças. Não há como não adorá-la. Ela dança conforme a própria música.

A mais nova, meu bebê, nasceu num 4 de julho[2] e está na primeira série agora. Está tendo aulas de patinação no gelo, que ela adora tanto quanto os *brownies*! E, ainda por cima, me faz de gato-sapato. Desse modo, embora tenha a vida retratada num programa de TV, escreva livros e perambule de botas pelo deserto atrás de gente desaparecida, minhas filhas ainda acham que sou só mais uma mãe dominadora, que elas sabem que as ama mais que tudo.

A todos vocês que me enviaram cartas perguntando sobre minha família e cartões agradecendo por eu escrever meus livros, espero ter respondido a suas perguntas. Obrigada por se darem ao trabalho de escrever, por lerem meus livros e por assistirem a *Medium*. Embora o ano tenha sido incrível, espero passar os próximos tornando um pouco mais fáceis as vidas dos outros e me tornando um pouco mais sábia.

---

2. Data em que se comemora a Independência dos EUA. (N. da T.)

Agradecimentos

Quero agradecer a minha editora, Nancy Hancock; a minha agente, Ellen Silberman; e a toda a equipe da Simon & Schuster, por produzir meus livros e me convidar a conviver com sua família. A Glenn Caron, por sua paixão em escrever. A Patricia Arquette, por "pegar" o que sou e contar minha história. E à Paramount e à NBC, por continuarem com o programa que ilumina tanta gente. Um agradecimento especial a Drew Gomez e John Pagoto, da Dilemma.

Por último, embora não menos importante, quero agradecer às pessoas que mencionei e cujas histórias são partilhadas neste livro. Saibam que estamos todos ligados e que aqueles que se foram nunca se afastarão de vocês.

Este livro foi composto em Veljovic Book
e impresso pela Edigraf sobre
papel pólen soft 70g para a Ediouro, em maio de 2008.